© 2024 **JUMBO** Neue Medien & Verlag GmbH, Hamburg
Alle Rechte vorbehalten
Text: Bettina Göschl und Klaus-Peter Wolf
Lektorat: Romy Bouché, Nina Schulze
Illustrationen: Dagmar Henze
Grafikdesign: Marcelo Marques Porto
Druck: Livonia Print, Jūrkalnes iela 15/25,
Zemgales priekšpilsēta, Rīga, LV-1046, Lettland
ISBN: 978-3-8337-4798-4

www.jumboverlag.de

Bettina Göschl   Klaus-Peter Wolf

Gespensternacht und Monsterspuk

Geschichten, Spiele, Lieder und vieles mehr

JUMBO

Inhalt

Herzlich willkommen — 8

1 Gespenster geistern durch die Nacht

Die Noten zu allen Liedern sind zum kostenlosen Download auf der JUMBO Homepage verfügbar

Info: Gibt es Geister und Gespenster?	9
Lied: Gespensterparty	10
Rätsel A: Gespensterparty	11
Geschichte: Dreistein und der Einbrecher	12
Rätsel B: Dreistein und der Einbrecher	15
Lied: Dreistein, der kleine Geist	16
Spiel: Gespensterpuzzle	17
Basteln: Grusellichterkette	18
Rezept: Schwimmende Geisterköpfe	20
Geschichte: Der Gespensterstreik	21
Spiel: Geisterjäger	24
Basteln: Zweiköpfiger Geist	25
Spiel: Gruselbahn	26
Basteln: Raumdekoration „Gespenst"	27

2 Vorsicht, ein Vampir!

Info: Graf Dracula	28
Schaubild Burgruine	30
Spiel: Rückenmassage „Die Geisternacht"	32
Spiel: Klanggeschichte „Die Geisternacht"	35
Rezept: Graf Draculas Vampirgrütze	38
Geschichte: Der Geistergeburtstag	39
Lied: Gustav, das Gerippe	44
Rätsel C: Gustav, das Gerippe	45
Info: Die Fledermaus – auch ein Vampir?	46
Spiel: Fingerspiel „Klitzekleine Fledermäuse"	48
Basteln: Frieda und Fred Fledermaus	50

3 Monster, tanzt herbei!

Info: Berühmte Monster	52
Geschichte: Die Gruselnacht	53
Rätsel D: Die Gruselnacht	57
Basteln: Monstermaske	58
Lied: Monstertanz	60
Rezept: Monsterpizza	62
Basteln: Schwarze Riesenspinne	64
Info: Unheimliche Spukorte	65
Basteln: Wo ist was? Merk dir das?	66
Spiel: Wo ist was? Merk dir das?	68
Rezept: Monsterbowle	69

4 Halloween und Kürbiskopf

Info: Halloween – was für ein Fest!	70
Basteln: Verkleidung „Kürbisgeist"	72
Rezept: Kürbiscremesuppe	74
Basteln: Halloweenlichter	75
Info: Der Kürbiskopf Jack O'Lantern	76
Basteln: Kürbiskopflaterne	78
Geschichte: Das Gewitter	79
Rätsel E: Das Gewitter	82
Info: Gibt es heute noch Vogelscheuchen?	83
Lied: Strohpuppenmann	84
Basteln: Vogelscheuche	86
Spiel: Auf zum Geisterschloss!	88
Eine echte Gespensterparty	90

Herzlich willkommen

...im Reich der Geister, Vampire und Gruselmonster!

Gern erinnere ich mich an eine Zeit zurück, in der wir uns als Kinder oder Jugendliche draußen um das knisternde Lagerfeuer versammelt haben. Wenn es dunkel wurde, fing irgendwer an, mit leiser, geheimnisvoller Stimme eine Geistergeschichte zu erzählen. Manchmal fanden diese Gespensterrunden auch drinnen statt. Nur mit einer Taschenlampe oder Kerzenlicht saßen wir im Kreis. Alle warteten gespannt auf den Augenblick des Erschreckens. Jedem kleinsten Geräusch wurde besonders gelauscht. Erst recht unheimlich wurde es, wenn man dringend zur Toilette musste – und das auch noch mitten in der Geschichte. Da konnten wir dann nicht anders, als hinter Türen oder im Schrank nachzusehen, ob sich vielleicht irgendwo ein Geist oder Vampir versteckt hatte. Die Fülle an Materialien zu Geisterthemen zeigt, wie groß das Bedürfnis nach Gänsehaut und Gruseln ist. Sich auf spielerische Art selbst in ein Gespenst oder ein Monster zu verwandeln, kann Kindern helfen, mit ihren eigenen Ängsten besser umzugehen. Dabei ist es wichtig, dass sie auch die Möglichkeit haben, bei Bedarf darüber zu sprechen, sowie über das, was ihnen besonders viel Gruselspaß bereitet. Da Kinder unterschiedlich reagieren, sind bei diesem Thema Einfühlungsvermögen, Sensibilität und eine hohe Beobachtungsgabe der Erwachsenen nötig.

Das Buch *Gespensternacht und Monsterspuk* bietet Kindern, Familien und Menschen, die mit Kindern arbeiten, schaurig-schöne Geschichten zum Vorlesen oder Selberlesen. Ebenso gibt es lustige Gespenster- und Monsterlieder, die zum Mitsingen und Tanzen einladen. Gruselige Basteltipps, Rezepte und Spielvorschläge runden das Geisterspektakel ab. Zur besseren Orientierung haben wir für jeden Aktionspunkt Gruselstufen von eins bis drei eingeführt. Diese sind als kleine Gespenster gekennzeichnet. Je höher die Gruselstufe, desto schauriger wird es. Aber keine Angst: Am Ende überwiegen die Freude und der Nervenkitzel. Und nun wünsche ich allen kleinen und großen Geistern und Monstern viel Spaß!

Ein kleiner Geist:
Gruselstufe 1 = ein bisschen gruselig

Zwei kleine Geister:
Gruselstufe 2 = ziemlich gruselig

Drei kleine Geister:
Gruselstufe 3 = sehr, sehr gruselig

1 Gespenster geistern durch die Nacht

Gibt es Geister und Gespenster? Info

Immer wieder sind Menschen von Geistern fasziniert. Manche Leute glauben an sie und andere nicht. Bisher konnte niemand beweisen, dass es sie wirklich gibt. Vielleicht macht es deshalb so viel Spaß, sich eine Welt der Gespenster vorzustellen. So gibt es jede Menge Geschichten, Lieder, Theaterstücke und Filme rund um dieses Thema. Viele Kinder und Erwachsene verkleiden sich gern als Gruselgestalten und feiern Geistergeburtstage oder Halloween. Oft stellen Menschen sich Gespenster durchscheinend und ohne festen Körper vor. Sie können umherschweben und durch Wände, Fenster oder Mauern gehen. Angeblich spuken sie während der Geisterstunde von Mitternacht bis ein Uhr morgens. Aber woher kommt der Glaube, dass es Geister geben könnte? Möglicherweise suchten die Menschen vor vielen Jahrhunderten Antworten auf Geschehnisse, die sie sich damals noch nicht erklären konnten. Wahrscheinlich dachten sie, dass ein Gewitter von einem Geist oder übernatürlichen Wesen erschaffen wurde. Oder gar von einem Gott. Vielleicht habt ihr schon mal etwas von Thor, dem Donnergott gehört. Ein sehr altes Volk, die Germanen, dachte, er würde über das Unwetter, Blitz und Donner und über Stürme herrschen. Dann gibt es noch den Glauben an die Naturgeister, wie Wald- oder Flussgeister, die diesen Orten und Lebensräumen Schutz bieten. Sehr bekannt ist auch der launische Berggeist Rübezahl, der die Natur bewacht. Es gibt viele Sagen und Märchen über ihn. Auch die guten Hausgeister wie die Heinzelmännchen mit ihren Zipfelmützen sind vielen vertraut. Sie verrichten nachts, wenn die Menschen schlafen, ihre Arbeiten, wie Aufräumen und Saubermachen. Kobolde treiben am liebsten Schabernack, wie die berühmte Figur Pumuckl aus der Feder von Ellis Kaut. Wenn ein kalter Wind um ein Schloss weht, denken manche Leute, dort spukt ein Gespenst. Bei klopfenden Geräuschen im Haus oder bei verrücktspielenden Fernsehern und Computern glauben einige, dass ein Poltergeist sein Unwesen treibt. Andere gehen davon aus, dass die Geister verstorbener Seelen an bestimmten Orten umherwandern, auf der Suche nach ihrem Frieden. Bewiesen ist die Existenz von Geistern und Gespenstern nicht. Aber in unserer Fantasie gibt es sie. Und Fantasie braucht keine Beweise.

Gespensterparty Lied

Text/Melodie: Bettina Göschl

1. Kommt, ihr Geister, kriecht aus den Verstecken!
Gruselmonster, schleicht ganz leis' hervor!
Heute Nacht, da wollen wir erschrecken!
Und wir heulen allen laut was vor: Hu-u-u-u, Hu-u-u-u-u!

Refrain

Gespensterparty, Gespensterparty!
Der Geisterspuk beginnt,
weil wir heut' Geister sind.
Gespensterparty, Gespensterparty!
Du wirst um den Schlaf gebracht,
denn wir geistern durch die Nacht.

2. Raschelnd kommt die alte Vogelscheuche,
so stapft sie daher durch Feld und Wald.
Und schon jault sie kräftig mit der Meute.
Hör doch, wie es hier nun schaurig schallt:
Hu-u-u-u, Hu-u-u-u-u!

Refrain

3. Was ist das, was strahlt da aus der Ferne?
Wer leuchtet hier so hell in dieser Nacht?
Sieh, das ist die Kürbiskopflaterne!
Sie grinst breit. Wie gruselig sie lacht!
Hu-u-u-u, Hu-u-u-u-u!

Refrain

4. Um das Spukschloss ziehen Nebelschwaden.
Fledermäuse flattern rings umher.
Du bist zum Geisterfeste eingeladen.
Um Mitternacht, da heulen wir so sehr!
Hu-u-u-u, Hu-u-u-u-u!

Refrain

Schluss-Refrain

Gespensterparty, Gespensterparty.
Der Geisterspuk ist aus,
wir geistern nun nach Haus.
Gespensterparty, Gespensterparty.
Es hat viel Spaß gemacht!
Und wir sagen „Gute Nacht!"

Tanzanleitung

Während der ersten Strophe zeigen die Kinder ihre Geisterkrallen und Monsteraugen. Beim Refrain können die Kinder frei tanzen und klatschen. In der zweiten Strophe stapfen sie als Vogelscheuchen erst steif, aber zunehmend lockerer umher. Nach dem Refrain halten die Kinder nach der Kürbiskopflaterne Ausschau. In der vierten Strophe flattern die Kinder als Fledermäuse umher.

Rätsel A: Gespensterparty

Vor jeder Antwort steht ein Buchstabe für das Lösungswort. Wenn ihr die richtige Lösung gefunden habt, tragt den entsprechenden Buchstaben mit Bleistift unten auf der Seite ein. Wenn ihr alle Rätsel A, B, C, D und E in diesem Buch gelöst habt, dann ergibt sich auf Seite 82 ein Lösungssatz.
Viel Spaß beim Knobeln!

1. Wer schleicht nachts leise hervor?
Q Kichermonster
P Stinkmonster
G Gruselmonster

2. Wer stapft durch Feld und Wald?
B der alte Vogelkäfig
E die alte Vogelscheuche
Y die alte Vogelspinne

3. Wie kommt die Vogelscheuche durch Feld und Wald?
I raschelnd
H rülpsend
Ä rumpelnd

4. Wer oder was leuchtet in der Ferne?
F die Taschenlampe
U der Leuchtturm
S die Kürbiskopflaterne

5. Wie lacht die Kürbiskopflaterne?
T gruselig
J wütend
Y fröhlich

6. Wer flattert um das Spukschloss?
Ö Schmetterlinge
E Fledermäuse
K Elefanten

7. Wann heulen wir beim Geisterfest?
Ä in der Mittagspause
R um Mitternacht
X morgens um sieben

Lösungswort Rätsel A:

__ __ __ __ __ __ __
1. 2. 3. 4. 5. 6. 7.   Auflösung auf Seite 88

Dreistein und der Einbrecher
Geschichte

Ich heiße nicht Einstein und auch nicht Zweistein. Nein, ich heiße Dreistein.
Ich bin kein schreckliches Monster und auch kein blutrünstiger Vampir. Leider bin ich aber auch kein gruseliges Gespenst, sondern nur ein kleiner Geist, der umherspukt, Lärm macht und grausame Grimassen zieht.
Mein Zuhause ist eine alte Standuhr, in der ich wohne und schlafe. Das ist echt unbequem, aber immer noch besser, als in so einem neumodischen Digitalwecker zu leben.
Jede Nacht um zwölf Uhr darf ich für genau eine Stunde raus und herumgeistern.
Das heißt, ich bin dreiundzwanzig Stunden pro Tag eingeschlossen.
Wenn ich doch wenigstens mittags um zwölf raus dürfte! Am liebsten dann, wenn die Spaghettisoße auf dem Herd duftet und Max aus dem Kindergarten kommt. Aber nein! Meine Zeit ist nachts und leider schlafen dann schon alle.
Die Mama von Max, Frau Schön, habe ich noch nie richtig gesehen, obwohl ich seit Jahren bei der Familie wohne. Sie kuschelt sich immer so tief in ihre Bettdecken, dass höchstens ihre Haare oder ihre Nase herausgucken. Frau Schön heißt nicht nur so – sie ist es auch.
Sie schläft immer mit Ohrstöpseln im Ohr, weil ihr Mann so laut schnarcht. Herrn Schön finde ich eigentlich eher hässlich. Am Abend trinkt er gerne Rotwein und sein Hobby ist es, vor dem Fernseher einzuschlafen.

Manchmal kuschle ich mich zu Max ins Bett. Der hat überhaupt keine Angst vor mir, sondern findet es ganz normal, dass es mich gibt. Max unterhält sich auch sehr gerne mit mir. Er spricht ja auch mit seinem Teddy Charlie und so einem Ritter aus Plastik. Sogar mit seinen Goldfischen redet er. Allerdings antworten die nicht so gut wie ich.
Max lauscht gerne meinen Geschichten, auch wenn er dabei oft gähnt – schließlich ist es ja mitten in der Nacht, wenn ich sie erzähle.
Seitdem ich Max kenne, bin ich nicht mehr einsam. Wir sind Freunde geworden. Er würde mich gerne mit in den Kindergarten nehmen, aber das geht nicht. Der ist leider immer schon zu, wenn ich endlich herumgeistern darf.
Früher war alles viel schlimmer.
Jahrelang stand meine Uhr in einem Antiquitätengeschäft herum. Da war nachts nie ein Mensch da. Wenn ich meine doofe Uhr dann verlassen konnte, war ich ganz alleine. Sollte ich mich vielleicht mit chinesischen Vasen oder ausgestopften Tieren unterhalten?
Ich habe immer gehofft, dass mal ein Einbrecher kommt. Einmal hatte ich Glück.
Es war kurz nach meinem fünfhundertsten Geburtstag, als ein Einbrecher das Schloss der Kellertür knackte und durch unsere Verkaufsräume schlich.

Der Einbrecher war ein lustiger Mann und gefiel mir sofort. Er hatte eine schwarze Maske auf und leuchtete mit seiner Taschenlampe. Leider kam er erst kurz vor ein Uhr und ich hatte nur ein paar Minuten, um mich mit ihm zu unterhalten. Aber er wollte sowieso nicht lange bleiben. Er suchte nach allem, was glitzerte. Zum Beispiel alte, kostbare Goldketten und Diamantringe.
Ich beobachtete alles sehr genau:
Er versuchte den Safe zu knacken, in dem die besten Schmuckstücke eingeschlossen waren. Allerdings bekam er die Zahlenkombination nicht heraus. Er drehte völlig sinnlos und hektisch an dem Zahlenrad herum.

Keinen Blick hatte er für mich übrig. Er war ganz auf die blöden Nummern konzentriert. Ich wollte Freundschaft mit dem Mann schließen. Deshalb schwebte ich zu ihm, sah ihm bei der Arbeit über die Schulter und flüsterte in sein Ohr: „Nicht acht-neun-null-zwei. Versuch es mal mit null-sieben-null-sieben."
Vor Schreck ließ der Einbrecher die Taschenlampe fallen und rannte zur Tür. Dabei stieß er eine der chinesischen Vasen um. „Bitte tu mir nichts!", flehte er. „Ich mach das hier zum ersten Mal. Ich bin sonst ein anständiger Mensch. Oder ich versuche wenigstens, einer zu werden."

Ich flog dem Einbrecher hinterher und stellte mich vor: „Guten Abend. Ich bin Dreistein. Schade, dass du erst jetzt kommst. Ich muss nämlich gleich wieder zurück in meine Uhr."
Vor Angst klapperten seine Zähne wie bei einem alten Skelett, durch das der Wind saust.
„Ja", sagte er, „das dachte ich mir irgendwie. Leider habe ich auch keine Zeit mehr.
Ich muss jetzt los."
Langsam bewegte er sich rückwärts zur Tür. Da er aber hinten keine Augen hatte, stieß er gegen den ausgestopften Grizzlybären und fiel mit ihm um. Die Pranke von Braunie, dem Bären, landete in seinem Gesicht. Im Licht der Taschenlampe sah Braunie seltsam lebendig aus.

„Hilfe!", schrie der Einbrecher. Aufgeregt sprang er auf und rannte weg. „Ich will zu meiner Mama!"
„Komm mich mal wieder besuchen!", rief ich ihm nach. „Ich bin immer von zwölf bis eins hier! Nicht vergessen! Von zwölf bis eins!"
„Ja, danke, ich werd´s mir merken!", brüllte der Einbrecher, aber er kam leider nie wieder.
Max mag solche Geschichten. Er findet sie cool und kann unheimlich darüber lachen. Er freut sich schon darauf, wenn mal ein Einbrecher zu uns nach Hause kommt.
Wir warten jeden Abend. Bisher leider vergeblich.

Rätsel B: Dreistein und der Einbrecher

Vor jeder Antwort steht ein Buchstabe für das Lösungswort. Wenn ihr die richtige Lösung gefunden habt, tragt den entsprechenden Buchstaben unten auf der Seite mit Bleistift ein.

1. Wo wohnt Dreistein, der kleine Geist?
Ü in einer Mikrowelle
K in einem Digitalwecker
M in einer Standuhr

2. Wie heißt der Junge, dem Dreistein immer Geschichten erzählt?
O Max Schön
Z Moritz Hässlich
P Hans Dampf

3. Warum schläft Frau Schön mit Ohrenstöpseln?
N weil ihr Mann laut schnarcht
W weil Dreistein herumpoltert
Y weil die Klospülung rauscht

4. Welches Hobby hat Herr Schön?
Ä in der Badewanne singen
Z draußen Fußball spielen
S vor dem Fernseher einschlafen

5. Wo hat Dreisteins Uhr gestanden, bevor sie zur Familie Schön kam?
A auf einem Schrottplatz
T in einem Antiquitätenladen
V in einer Autowerkstatt

6. Wonach sucht der Einbrecher?
P nach allem, was stinkt
C nach allem, was lecker schmeckt
E nach allem, was glitzert

7. Wie heißt der ausgestopfte Grizzlybär aus dem Antiquitätenladen?
R Braunie
Ü Blödie
Q Blackie

Lösungswort Rätsel B:

__ __ __ __ __ __ __
1. 2. 3. 4. 5. 6. 7.   Auflösung auf Seite 88

Dreistein, der kleine Geist Lied

Text/Melodie: Bettina Göschl

1. Fast tausend Jahre alt, so seh ich aus.
In einer schönen Standuhr, da bin ich zuhaus'
Nehmt euch gut vor mir in Acht,
denn seit zwölf Uhr Mitternacht
geist're ich und singe Hu-ha-hu-ha-hu.

Refrain
Ja, ich bin Dreistein, der kleine Geist,
und manchmal ziemlich dreist.
Ich singe Hu-ha-hu-ha-hu.
Ja, ich bin Dreistein, der kleine Geist,
bin von weit her gereist.
Ich singe Hu-ha-hu-ha-hu.

2. Im Menschenreich, da treib ich Geisterspaß,
erschrecke Kinder hier und spritze alle nass.
Die Eisenbahn, der Teddybär,
die Puppen wandern kreuz und quer,
denn das Geistern fällt mir gar nicht schwer.

Refrain

3. Im Badezimmer krieg ich einen Schreck.
Wer ist das im Spiegel? Schnell, da muss ich weg!
Ich halte mir die Augen zu.
Ein Kind lacht: „Hmm. Das bist du!"
Und gemeinsam singen wir mein Hu-ha-hu.

Refrain

4. Nach einer Stunde muss ich wieder gehen
und flieg in meine Uhr zurück. „Auf Wiedersehn!"
Dort schlafe ich mich richtig aus,
komm erst um zwölf Uhr wieder raus,
dann singe ich ganz laut
mein Hu-ha-hu-ha-hu.

Refrain

Gespensterpuzzle Spiel

Wir brauchen:

• Tonkarton   • weißes Papier   • Schere und Klebstoff

Das Gespensterbild farbig kopieren, dann auf den Tonkarton kleben und auf den Linien die Puzzleteile ausschneiden. Und los geht's mit dem Puzzle!

Das Puzzle ist auch zum kostenlosen Download auf der JUMBO Homepage verfügbar

Grusellichterkette Basteln

Wir brauchen:

- Lichterkette mit kleinen Glühbirnen
- Luftballons
  (die kleinsten, die es zu kaufen gibt)
- Transparentpapier in
  - Weiß (für die Geisterlampions)
  - Orange (für die Kürbislampions)
  - Braun oder Schwarz (für die Gesichter)
- Schale mit Wasser
- Tapetenkleister
- Tasse
- Schere
- 1 Rolle dünner Draht
- Stopfnadel
- Bastelunterlage
- Malkittel
- Pinsel

1. Für jedes Lämpchen der Lichterkette brauchen wir einen kleinen Luftballon. Entsprechend viele Ballons aufblasen und zuknoten.

2. Den Tapetenkleister anrühren.
Das weiße und orangefarbene Transparentpapier in etwa 2 cm große Stücke reißen und farblich sortieren.

3. Einen aufgeblasenen Luftballon mit dem Knoten nach unten auf die Tasse oder eine kleine Schale setzen, damit man ihn gut bekleben kann. Für einen Geisterlampion wird das weiße Papier verwendet, für die Kürbislampions das orangefarbene Papier.

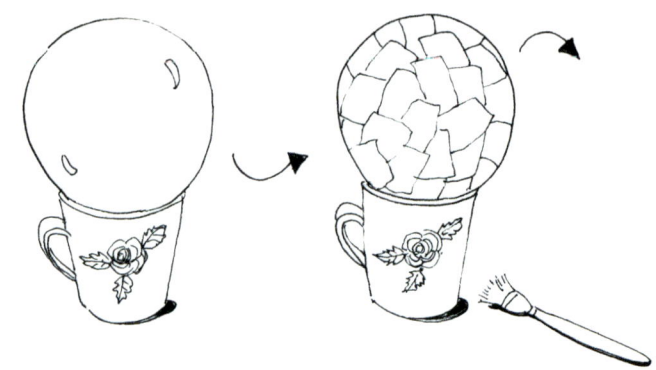

4. Für die erste Schicht werden die Papierstücke in Wasser getaucht und auf den Ballon gelegt, bis er ganz bedeckt ist. Die zweite Papierschicht mit Pinsel und Tapetenkleister darüber kleben. Die Papierränder sollten überlappen. Das untere Ende des Ballons bitte frei lassen.

5. Das Ganze eine Nacht trocknen lassen. Danach die Luftballons vorsichtig anpieksen und die Reste aus der Form holen. Den unteren Rand der kleinen Laterne gerade zuschneiden. Dann die Lampions mit der Öffnung nach oben auf die Tasse setzen.

6. Aus dem dunklen Transparentpapier die Gesichter schneiden, auf die Lampions kleben und trocknen lassen.

Danach mit der Nadel am oberen Rand eines jeden Lampions rechts und links vorsichtig ein kleines Loch stanzen. Daran einen etwa 10 cm langen Draht befestigen – zunächst aber nur auf einer Seite.

7. Die Lichterkette aufhängen, dann abwechselnd die Kürbis- und Geisterlampions um die Lämpchen platzieren. Den Draht dabei um das Kabel der Lichterkette führen und das Ende am gegenüberliegenden Rand der Lampions befestigen.

Nun das Licht anschalten und schon schimmert es gruselig!

Schwimmende Geisterköpfe Rezept

Wir brauchen (für zwei Portionen):

- 2 frische Birnen oder 4 Birnenhälften aus der Dose
- 1 Packung Schokoladenpuddingpulver
- 500 ml Milch
- 2 bis 3 EL Zucker
- 1 Packung Mandelstifte
- 8 Rosinen
- 2 Suppenteller
- Kochtopf
- Sieb
- Schneebesen
- Schneidebrett
- Messer
- Dosenöffner
- Tortenheber

1. Den Schokoladenpudding nach Anleitung kochen, in zwei Suppenteller füllen und erkalten lassen.

2. Die Birnen schälen, entkernen und der Länge nach in 4 Hälften schneiden oder Birnen aus der Konserve abtropfen lassen. Den Saft für die Monsterbowle (S. 69) oder andere Getränke übriglassen.

3. Jede Person bekommt zwei Geisterköpfe. Die Birnenhälften mit der flachen Seite nach unten legen. Vorsichtig je zwei Rosinen als Augen eindrücken. Falls nötig, vorher mit einem Holzspieß die Löcher dafür vorbohren. Mit den Mandelstiften den Mund oder das Gebiss gestalten.

4. Die fertigen Geisterköpfe mit einem Tortenheber auf den Pudding legen und schwimmen lassen.

Guten Appetit!

Der Gespensterstreik Geschichte

Ja, ich weiß, jeder stellt sich das Leben von einem Nachtgespenst spannend vor. Aufregend, gruselig, vielleicht sogar witzig. Alles Quatsch. Es ist langweilig, blöd und macht überhaupt keinen Spaß mehr.
Früher sind die Leute kreischend weggelaufen, wenn sie mich gesehen haben. Einmal, vor gut zweihundert Jahren, da habe ich ein ganzes Schloss geradezu leergefegt. Ja, ehrlich, nur durch meine Erscheinung.
Oder ich bin nachts durch die dunklen Gassen geschlichen und die Leute sind gleich reihenweise in Ohnmacht gefallen.
Heute – ach, ich darf gar nicht dran denken. Besonders die jungen Leute haben keinen Respekt mehr vor mir. In der Jugendherberge, oben bei der alten Ruine, wollte ich eine Gruppe Drittklässler erschrecken. Herrje – das ist vielleicht schiefgegangen! Nun gut, ihre Lehrerin bekam einen Schreikrampf, als ich sie unter der Dusche besucht habe. Aber vielleicht auch nur, weil ich das Wasser von heiß auf eiskalt gedreht habe.
Ihre Kinder aus der Klasse waren echt schrecklich. Sie hielten mich wohl für einen verkleideten Hausmeister oder so. Ein blonder Bengel wollte mir sogar die „Maske" vom Gesicht reißen!
Sie haben mich aus ihren Wasserpistolen mit Tinte bespritzt. Und dann wollte jeder einmal mit mir fotografiert werden – dabei hasse ich Blitzlicht!
Hinterher haben sie mich auf einen Stuhl gebunden und mit kaltem Milchreis gefüttert. Ich habe meine Lippen ganz fest zusammengepresst, aber dieser blonde

Frechdachs hat mir die Nase zugehalten und gesagt: „Probier mal, welchen Mist wir hier zu essen bekommen. Ist das nicht ekelhaft?"
Ach, es macht wirklich keinen Spaß mehr! Ich wäre viel lieber Zahnarzt, Steuereintreiber, Mathelehrer oder wenigstens ein Grippevirus. Vor denen haben die Leute Angst. Nicht vor uns Gespenstern.
Am schlimmsten sind die Moorgeister dran, denn die Orte, an denen sie leben, werden langsam knapp. Wundervolle Moorlandschaften nahe den Großstädten werden trockengelegt, um daraus Parkplätze für Möbelzentren oder Supermärkte zu machen.
Ja, sollen die Moorgeister jetzt Parkplatzmonster werden, oder was? Kaum ein Schlossgespenst hat noch einen Arbeitsplatz. Ehrwürdige Schlösser werden zu Hotels, Restaurants, Museen oder, am schlimmsten, Diskotheken umgebaut.
Viele Geisterkollegen behaupten, uns Nachtgespenstern ginge es noch gut, denn die Dunkelheit könne uns keiner wegnehmen. Aber das ist ein Irrtum. Die Städte sind mit ihrer bunten, neonfarbenen Werbung heutzutage so lichtüberflutet, dass es in den Augen wehtut. Außerdem bekomme ich davon Pickel. Wie sieht das denn aus? Ein Nachtgespenst mit Pickeln auf der Nase?
Weil das alles so nicht weitergeht, treffen sich heute Gespenster, Monster und Ungeheuer im Schloss Grauenfels. Den letzten großen Gespensterrat haben wir hier vor rund einhundert Jahren abgehalten.
Diesmal war schon die Anreise nicht gerade der Knaller für mich. Ich habe natürlich den Nachtzug genommen.

Aber auch diese Zugschaffner sind heutzutage eine Zumutung. Als er mich sah, wurde er nicht einmal blass. Stattdessen sagte er nur: „Ihre Fahrkarte bitte!"
Ich fletschte meine Zähne und zischte: „Ich bin ein Nachtgespenst!"
Der Schaffner grinste blöd und sagte: „Schön für Sie. Aber auch wenn Sie der Kaiser von China sind oder die Biene Maja, brauchen Sie eine Fahrkarte."
Neben mir saß eine Mutter mit zwei Kindern. Die Mutter flüsterte den beiden zu: „Starrt ihn nicht so an! Er kann doch nichts dafür, dass er so hässlich aussieht."
Das kleine Mädchen streichelte dann über mein Gesicht und sagte nur: „Ich finde dich süß."
Ich finde dich süß! Mich! Könnt ihr euch das vorstellen? Ich war einmal das gefürchtetste Nachtgespenst weit und breit!
Der Nachtzug hatte Verspätung. So kam ich nicht im Morgengrauen an, sondern erst gegen Mittag. Und die Mittagssonne ist für Nachtgespenster ungesund. Das Licht brennt in meinen Augen und mir wird ganz schwindelig davon. Gut, für Vampire ist es noch schlimmer. Ich zerfalle zumindest nicht gleich zu Staub, wenn mich Sonnenstrahlen treffen. Trotzdem versuche ich das Tageslicht so gut es geht zu meiden!
Nicht einmal die Hälfte von uns Monstern, Gespenstern und Ungeheuern kam pünktlich auf Schloss Grauenfels an. Und dann begann das Klagen: Die Kollegen aus London beschweren sich über die frechen Touristen. Und aus der alten Schreckenskammer in ihrem Schloss sei eine Toilette mit Babywickelraum geworden.

Hugo, das Gruselmonster, meldete sich zu Wort. Er arbeitet inzwischen aushilfsweise in einem Schnellrestaurant. „Soll ich euch mal was sagen? Es liegt an den vielen Gespenstern im Fernsehen, Kino und in den Vergnügungsparks", schimpfte er. „Wir echten Gespenster sind langweilig geworden. In jedem Kaufhaus gibt es Masken, die gruseliger sind als unsere Gesichter."

„Genau! Das Fernsehen verdirbt die Jugend, und das Kino auch!", rief Karl, mein Neffe, ein Geist mit drei Köpfen.

Rudi, der Rauchgeist, klagte: „Ach, wenn das nur alles wäre. Heute gibt es Bücher, die sind so schaurig, dass selbst ich mich beim Lesen fürchte."

Schnell waren wir uns einig: Das Fernsehen sollte ganz abgeschafft werden. Im Kino dürften nur noch Liebesfilme gezeigt werden und ab und zu mal ein Tierfilm mit kleinen Katzen. Alles Gruselige sollte aus den Büchern und Comics verbannt werden.

Außer uns sollte keiner mehr das Recht haben, den Menschen Angst einzujagen. Ja, so wollten wir uns retten!

Es ging hoch her, alle schrien durcheinander, und jeder wollte etwas beitragen. Gerade, als wir einen Brief an alle Regierungen der ganzen Welt aufsetzen wollten, kam der Hausmeister herein. Er sah sich kurz um, dann schüttelte er den Kopf. „Mir hat keiner gesagt, dass hier heute ein Karnevalsverein tagt. Ihr habt aber altmodische Kostüme. Nee, echt. Find ich gut. Total abgefahren. Aber für heute ist leider Schluss. Um zehn ist hier eigentlich schon Feierabend. Wir kriegen sonst Ärger mit den Nachbarn." Er klopfte auf seine Uhr. „Es ist schon nach elf. Also, darf ich bitten?"

Wütend sprang ich auf und schrie ihn an: „Glauben Sie, wir lassen uns alles gefallen? Jetzt reicht es uns! Wir sind Geister! Nachtgespenster! Ungeheuer! Wir haben hier etwas Wichtiges zu tun!"

Der Mann beugte sich zu mir und lächelte: „Na klar, das versteh ich ja. Aber jetzt ist trotzdem Feierabend."

„Wir schreiben einen Brief an die Regierungen der Welt. Sie sollen das Fernsehen verbieten, das Kino und..."

„Nicht ganz verbieten", korrigierte mich Rudi. „Nur die gruseligen Filme."

Der Hausmeister stöhnte: „Alles klar. Bin ganz eurer Meinung. Aber jetzt geht ihr besser brav nach Hause."

Nein, es war nicht ganz das Ende unserer Versammlung. Wir tagten im nahe gelegenen Wald weiter und beschlossen einstimmig den ersten Gespensterstreik aller Zeiten.

Seitdem streiken wir. Und wenn ihr nicht alle mit dem Fernsehgucken aufhört, wird das auch so bleiben. Ihr glaubt mir nicht? Ja, hat denn jemand von euch in den letzten Jahren mal ein Gespenst gesehen? – Na bitte.

Geisterjäger Spiel

Wir brauchen:

- 1 verkleidetes Gespensterkind
- 1 Gruppe von Geisterjägern
- für jeden Geisterjäger eine Taschenlampe
- Gruselmusik

1. Die Geisterjäger stehen vor der Tür und warten, bis sie hereingerufen werden.

2. Inzwischen versteckt sich das kleine Gespenst in dem abgedunkelten Raum.

3. Die Gruselmusik wird eingeschaltet und die Geisterjäger suchen mit ihren Taschenlampen den versteckten Geist.

4. Nach etwa 30 Sekunden wird die Musik gestoppt. Haben die Geisterjäger das Gespenst nicht gefunden, so darf es sich noch mal verstecken. Wenn doch, darf das Kind, das den Geist entdeckt hat, als nächstes das Gespenst sein und das Spiel beginnt von vorne.

Tipp: Wenn ihr ein Handy oder ein anderes Gerät mit Aufnahmefunktion habt, könnt ihr auch eigene Gruselgeräusche einspielen: Ihr könnt heulen, jaulen, lachen, mit Töpfen klappern, auf Stühle klopfen oder mit Schlüsseln rasseln – mal laut und mal ganz leise. Eurer Fantasie sind keine Grenzen gesetzt!

Zweiköpfiger Geist Basteln

Wir brauchen:

- 1 wasserfesten schwarzen Lack- oder Filzstift
- 1 altes weißes Bettlaken
- 1 weißen Ball
- Stoffschere

So wird's gemacht:

1. Das Bettlaken über den Kopf ziehen und mit einem Filzstift vorsichtig die Augen, die Nase und den Mund aufzeichnen. Das Laken wieder abnehmen und das Gesicht entsprechend ausschneiden. Das Bettlaken auf die Größe des Kindes zuschneiden.

2. Den weißen Ball gut reinigen und abtrocknen, damit er fettfrei ist. Ihn am besten auf einen kleinen Eimer setzen, so hält er beim Bemalen besser. Nun mit dem schwarzen Stift ein Geistergesicht aufmalen und trocknen lassen.

3. Zur Gruselparty das Bettlaken anziehen. Den bemalten Geisterkopf zur Party neben das eigene Gesicht halten. Er kann aber auch unter dem Arm getragen werden.

Tipp: Bei Schwarzlicht leuchtet der Geist besonders schön!

Gruselbahn Spiel

Wir brauchen:

- mehre große Kartons
- Paketklebeband
- dicke Decken oder alte Bettlaken
- Wolle
- Fellstücke
- Gummispinnen
- Gummihandschuhe
- alte Feinstrumpfhosen
- Gruselmusik
- Taschenlampe
- Rest eines kaputten Luftballons in grün oder blau
- Gummiringe

1. Deckel und Böden der Kartons öffnen und die Kartons ineinanderschieben. Die Laschen mit dem Klebeband mehrmals gut fixieren. Je mehr Kartons vorhanden sind, desto länger wird die Gruselbahn.

2. Den Tunnel mit Decken oder Bettlaken abdecken, damit es im Inneren dunkel ist.

3. Die Gespensterbahn kann gruselig gestaltet werden, z. B.

a) Gummispinnen an Wollfäden binden und innen mit Klebeband aufhängen oder sie auf dem Boden verteilen.

b) Gummihandschuh mit Watte oder alten, kleingeschnittenen Feinstrumpfhosen füllen, zusammenbinden und aufhängen.

c) Lange Streifen aus Stoffresten an der Decke befestigen und Fellstückchen auslegen.

4. Die Taschenlampe vorne mit dem grünen oder blauen Luftballonrest bespannen und mit dem Gummi fixieren. Prüfen, ob der Luftballon an der Lampe nicht zu heiß wird.

5. Jetzt die Gruselmusik einschalten und durch die Gruselbahn kriechen. Wer traut sich ohne Taschenlampe durch den Tunnel?

Tipp: Falls keine Kartons vorhanden sind, kann die Gruselbahn auch mit Tischen oder großen Stühlen gebaut werden. Diese in eine Reihe stellen und mit den Bettlaken oder Decken abdunkeln.

Raumdekoration „Gespenst" Basteln

3. Am oberen Ende des Kopfes etwas Stoff zusammennehmen und abbinden. Daran eine längere Schnur anbringen, an der das Gespenst später aufgehängt wird.

Für die Geisterhände rechts und links vom Kopf die Enden des Lakens zusammennehmen und mit zwei Paketschnüren oder Wollfäden abbinden.

4. Ein Gesicht auf den Geisterkopf malen oder aus Tonpapier ausschneiden und aufkleben.

5. Das Gespenst an Kopf und Händen aufhängen.

Wir brauchen:

- 1 Luftballon
- 1 weißes Bettlaken oder 1 alte Gardine
- Wolle oder Schnüre
- 1 schwarzen dicken Filzstift oder schwarzes Tonpapier

So wird's gemacht:

1. Den Luftballon aufblasen und zuknoten.

2. Das Laken oder die Gardine mittig über den Luftballon stülpen und unten locker abbinden. So entsteht der Gespensterkopf.

2 Vorsicht, ein Vampir!

Graf Dracula Info

Wer kennt ihn nicht, den berühmten Vampir Graf Dracula? Vor mehr als hundert Jahren hat der irische Schriftsteller Bram Stoker diese Figur für seinen Roman erfunden. Doch schon bevor es diese Geschichte gab, war der Aberglaube an Vampire auf der ganzen Welt verbreitet.

Besonders in Rumänien, Ungarn und Bulgarien haben sich die Leute viele Geschichten über Vampire erzählt. So gingen einige Menschen davon aus, dass diese unheimlichen Nachtgestalten mit ihren spitzen Eckzähnen herumschleichen und sich vom Blut der Menschen ernähren. Angeblich werden sie erst wach, wenn es draußen dunkel ist. Und es wird erzählt, dass sie tagsüber in Särgen schlafen. Um sich vor den Vampiren zu schützen, hängten die Menschen in ihren Häusern Knoblauch und Kreuze auf. Sie glaubten, dass sie dadurch von den Blutsaugern gemieden werden würden. Auch Weihwasser sollen diese Schattenwesen gar nicht mögen, und das Sonnenlicht soll für Vampire sehr gefährlich sein, denn dadurch zerfallen sie angeblich zu Staub.

Vampire werden im Aberglauben als lebende Tote bezeichnet und sollen ganz besondere Fähigkeiten haben. Manche Leute denken, sie könnten senkrecht die Wände hochgehen und sich unsichtbar machen. Andere behaupten, dass Vampire die Gestalt wechseln und sich in Fledermäuse verwandeln können. Vielleicht macht das auch Graf Dracula und flattert nachts so durch die Lüfte.

Das klingt ziemlich unheimlich, oder? Aber zum Glück ist das alles nur erfunden. Genauso wie die von Bram Stoker entwickelte Figur Graf Dracula. Sie ist zurückzuführen auf den rumänischen Fürsten Vlad Tepes, der im 15. Jahrhundert wirklich gelebt hat. Er war zwar kein Vampir, aber leider sehr grausam. Dieser Fürst wurde auch Vlad Drăculea genannt. Das heißt so viel wie „der Sohn des Drachen". Davon leitete sich später der Name Dracula ab. In Stokers Roman lebt Graf Dracula in einem Schloss in Transsilvanien, im heutigen Rumänien. Dort war der Glaube an Vampire ganz besonders weit verbreitet.

Burgruine
Suchbild

Viele Gruselgestalten feiern auf der Burgruine ein Fest. Ein kleines Gespenst hat sich versteckt. Könnt ihr es finden?

Rückenmassage „Die Geisternacht" Spiel

Vorbereitung:

Wir brauchen einen Raum mit genügend Platz, der mit Decken und Kopfkissen ausgelegt wird. Die Kinder tun sich zu zweit zusammen. Ein Kind legt oder setzt sich auf den Boden. Das andere Kind sitzt daneben oder dahinter und ist der Masseur. Wichtig ist, dass der Masseur achtsam und vorsichtig mit dem Rücken des Kindes umgeht. Die Massage soll entspannen und gut tun. Ein Erwachsener oder Kind spricht den Text zur Massage.

Text	Aktion
1. Es ist dunkel und der Mond steht am Himmel.	Einen runden Mond auf den Rücken zeichnen
2. Viele kleine Sterne funkeln.	Mit dem Finger viele kleine Sterne malen
3. Es ist Geisterstunde. Seht ihr das Geisterfeuer? Es brennt hell und warm.	Mit beiden Händen flach über den Rücken streichen, bis es schön warm wird
4. Viele Gruselgestalten kommen herbei. Hört, wie die Monster aus ihren Höhlen zum Feuer trampeln!	Mit den flachen Händen vorsichtig auf den Rücken klopfen
5. Die Fledermäuse kriechen aus den alten Dachböden und flattern umher.	Mit den Fingerspitzen über den Rücken kraulen
6. Auch der kichernde Kürbiskopf aus dem Wald darf nicht fehlen.	Einen Kreis mit Augen und Zick-Zack-Mund malen
7. Das Nachtgespenst vom Spukschloss geistert herbei und fliegt durch die Lüfte.	Mit dem Finger kreuz und quer über den Rücken streichen

8. Die Vogelscheuche hat ihr Feld verlassen. Seht, wie sie herbeistapft!

Mit den Fäusten vorsichtig auf den Rücken klopfen

9. Alle Spukgestalten sind versammelt. Sie freuen sich und tanzen um das Geisterfeuer!

Mit den Fingerkuppen beider Hände im Kreis auf dem Rücken tanzen

10. Der Mond am Himmel lacht und die Sterne funkeln. Gleich ist die Geisterstunde zu Ende.

Mit dem Finger einen Mond und Sterne malen

11. Die Vogelscheuche verabschiedet sich.

Mit den Fäusten vorsichtig auf den Rücken klopfen

12. Die Monster stampfen zurück in ihre Höhlen.

Mit den flachen Händen auf den Rücken klopfen

13. Das Nachtgespenst schwebt nach Hause in sein Geisterschloss.

Mit dem Finger kreuz und quer über den Rücken malen

14. Der Kürbiskopf verschwindet kichernd im Wald.

Einen Kreis mit Augen und Zick-Zack-Mund malen

15. Die Fledermäuse flattern wieder in ihre Dachböden.

Mit den Fingerspitzen über den Rücken kraulen

16. Das Geisterfeuer flackert und knistert. Es ist noch warm.

Mit flachen Händen über den Rücken streichen

17. Die Flamme wird kleiner und kleiner, bis das Feuer verglimmt.

Das Streichen wird langsamer und langsamer

18. Die Turmuhr schlägt ein Uhr. Die Geisterstunde ist zu Ende und alle Geister schlafen.

Die flachen Hände ruhen auf dem Rücken des Kindes

Die massierten Kinder dürfen sich etwas Zeit nehmen, sich zu recken und zu strecken, bevor die Rollen getauscht werden.

Klanggeschichte „Die Geisternacht" Spiel

Wir brauchen:

- 1 Kindergruppe, die Musik spielt
- 1 Kindergruppe, die das Rollenspiel gestaltet
- rote und gelbe Tücher für das Geisterfeuer in der Mitte.

Für die Musik brauchen wir folgende Instrumente:

Mond: Becken mit Schlägel oder Metalldeckel eines Kochtopfs
Geisterfeuer: Zeitungspapier
Monster: Handtrommel oder Plastikeimer
Fledermäuse: zwei Blätter glattes Papier
Kürbiskopf: Holzblocktrommel oder Holzröhrentrommel mit Holzschlägel oder Holzstuhl
Nachtgespenst: Glockenspiel mit Holzschlägel oder Schlüsselbund
Vogelscheuche: Xylophon mit Schlägel

Falls keine Instrumente vorhanden sind, dann kann auch mit Gegenständen aus dem Alltag Musik gemacht werden. Aufpassen, dass keine teuren Sachen verwendet werden, die kaputtgehen können.

| Text "Die Geisternacht" | Musik | Bewegung |

1. Es ist dunkel und der Mond steht am Himmel.

Mit dem Schlägel ein- bis zweimal auf Becken oder Topfdeckel schlagen

2. Es ist Geisterstunde. Seht ihr das Geisterfeuer? Es knistert und brennt hell und warm.

Mit Zeitungspapier rascheln

3. Viele Gespenster kommen herbei. Hört, wie die Monster aus ihren Höhlen zum Feuer trampeln!

Mit den Händen abwechselnd auf Handtrommel oder Eimer trommeln

Monster kriechen aus ihren Verstecken und stampfen ums Feuer.

4. Die Fledermäuse kriechen von den alten Dachböden hervor und flattern umher.

Mit Papier in der Luft wedeln

Fledermäuse flattern mit wilden Armbewegungen ums Feuer.

5. Auch der kichernde Kürbiskopf aus dem Wald darf nicht fehlen.

Einzelne Töne auf Holzblocktrommel erzeugen oder mit der Faust auf Stuhlfläche klopfen.

Kürbiskopf hüpft herbei und kichert, tanzt ums Feuer.

6. Das Nachtgespenst vom Spukschloss geistert herbei und fliegt durch die Lüfte.

Auf Glockenspiel hin- und herspielen oder mit dem Schlüsselbund rasseln

Geist schwebt herbei, heult „Huuu" und geistert um das Feuer.

7. Die Vogelscheuche hat ihr Feld verlassen. Seht, wie sie herbeistapft!

Mit zwei Schlägeln abwechselnd Töne auf Xylophon spielen oder auf Beine patschen

Vogelscheuche stapft herbei. Sie ist noch etwas steif, wird dann locker und tanzt herum.

8. Alle Geister sind versammelt. Sie freuen sich und tanzen um das Geisterfeuer! Der Mond am Himmel lacht.

Alle Instrumente spielen zusammen

Alle Geisterkinder tanzen ums Feuer, dabei dürfen sie jaulen, heulen und kichern.

9. Gleich ist die Geisterstunde zu Ende. Die Monster stampfen zurück in ihre Höhlen.	Musik hört auf. Abwechselnd mit Händen auf Trommel oder Eimer trommeln	Monsterkinder winken, stampfen davon und verstecken sich wieder.
10. Die Fledermäuse flattern wieder auf ihre Dachböden.	Mit Papier in der Luft wedeln	Fledermäuse winken, dann flattern sie zurück in ihr Versteck.
11. Der Kürbiskopf verschwindet kichernd im Wald.	Einzelne Schläge auf Holzblocktrommel oder mit der Faust auf Stuhlfläche klopfen	Kürbiskopf winkt und hüpft kichernd davon.
12. Das Nachtgespenst schwebt nach Hause in sein Geisterschloss.	Auf Glockenspiel hin- und herspielen oder mit Schlüsselbund rasseln	Gespenst winkt und geistert heulend in sein Geisterschloss.
13. Die Vogelscheuche verabschiedet sich und stapft auf ihr Feld.	Mit zwei Schlägeln abwechselnd auf Xylophon spielen oder auf Beine patschen	Vogelscheuche winkt und stapft zurück auf ihr Feld.
14. Das Geisterfeuer flackert und knistert. Es ist noch warm.	Mit Zeitungspapier rascheln	
15. Die Turmuhr schlägt ein Uhr. Die Geisterstunde ist zu Ende und alle Geister schlafen.	Ein Schlag auf dem Glockenspiel, dann ist alles still	Alle Geister legen sich am Ende hin und schlafen.

Graf Draculas Vampirgrütze Rezept

Wir brauchen (für 8–10 Portionen):

- 2–3 kg rote Beeren (frisch oder tiefgekühlt)
- 1–1 ½ l Johannisbeersaft oder Kirschsaft
- 2–3 Becher frische Schlagsahne oder vegane Schlagcreme
- 2 Päckchen Vanillezucker
- 2–3 EL Speisestärke
- 6–8 EL Zucker (oder anderes Süßungsmittel)
- Handrührgerät
- Spritzbeutel für die Sahne
- Tasse
- Kochtopf
- Kochlöffel

1. Die Früchte ggf. auftauen und in einen Topf geben.

2. Dann 8 EL Saft in eine Tasse füllen, die Speisestärke dazugeben und glatt rühren.

3. Den restlichen Fruchtsaft mit dem Zucker zu den Früchten in den Topf geben und zum Kochen bringen. Die Stärke hinzufügen und umrühren. Die Herdplatte ausschalten und den Topf von der Platte nehmen.

4. Die Grütze in Suppenteller verteilen und abkühlen lassen.

5. Die Sahne oder die Schlagcreme und den Vanillezucker mit dem Handrührgerät steif schlagen, in den Spritzbeutel füllen und je ein Vampirgesicht mit zwei spitzen Zähnen auf die rote Grütze malen.

Tipp: Wenn es schnell gehen soll, könnt ihr auch fertige rote Grütze aus dem Glas verwenden.

Der Geistergeburtstag Geschichte

Ich heiße Tina und ich habe zwei Probleme. Erstens: einen total peinlichen kleinen Bruder. Und zweitens: einen Jungen aus der achten Klasse. Der heißt Mark und ist nicht nur blöd und gemein, sondern auch noch sehr stark. Jeden Morgen muss ich auf meinem Schulweg an ihm vorbei. Er kassiert dann eine Steuer, wie er das nennt: Schokoriegel, Bonbons, Geld. Irgendetwas muss ich immer an ihn abdrücken. Aber das macht er nicht nur mit mir, sondern auch mit meinen Freundinnen Nele, Kim und Jule. Wenn Mark einen packt, ist man dran. Und wehe, wir haben nichts für ihn. Dann muss man ihn küssen, oder er verhaut einen.

Ich traue mich nicht, Frau Bödecker etwas davon zu erzählen, weil Mark uns immer droht: „Wer petzt, kriegt Prügel." Auch meinen Eltern sage ich nichts, denn die haben schon genug Sorgen.

Heute gebe ich mein erstes eigenes Fest. Ich war schon auf vielen Partys. Zum Beispiel letzten Sommer, da gab es bei Nele ein Lagerfeuer im Garten, Trommelmusik, und wir haben draußen in Zelten übernachtet. Das ist bei uns verboten, denn wir wohnen in einem Hochhaus. Die Leute hier machen schon Ärger, wenn ich auf dem Hof Fahrrad fahre, weil da ja die teuren Autos parken. Aber meine Party wird trotzdem ein Knaller. Davon werden alle noch lange reden. Das wird nicht einfach nur ein Kindergeburtstag, sondern eine echt supergruselige, monstermäßige Gespensterparty!

Ich habe Einladungen zum Aufklappen gemalt. Darauf steht:

Nur für ganz Mutige!
Komm nur, wenn du dich wirklich traust.
Das nackte Grauen erwartet dich!

Am liebsten hätte ich meine ganze Klasse eingeladen, doch unsere Wohnung ist einfach zu klein.

Dafür dürfen alle bei uns schlafen – auf Luftmatratzen im Wohnzimmer, so wie es sich für richtige Gespenster gehört.

Zum Gruselessen gibt es eine Blutsuppe für echte Vampire. Mit anderen Worten: Wackelpudding mit Himbeergeschmack. Dazu Spinnweben am Stiel, also Zuckerwatte, und Satansschwänze vom Grill, sprich: Bratwürstchen. Mit meiner Mama habe ich Monsterplätzchen gebacken. Das geht ganz einfach: wie Weihnachtsplätzchen, nur sticht man statt Tannenbäume und Engelchen Geister und Fledermäuse aus.

Eigentlich ist alles perfekt. Jetzt muss ich nur noch meinen nervigen kleinen Bruder loswerden. Aber Mama sagt, dass er mitfeiern darf, da Lukas sonst traurig wird.

Doch es kommt noch schlimmer: So ganz nebenbei erfahre ich, dass meine Eltern auch dabei sein wollen.

Wie sieht das denn aus? Eine Gruselparty mit Mama und Papa und kleinem Bruder. Jetzt fehlt nur noch meine Oma. Ich werde mich total blamieren ...

Aber dann habe ich doch Glück: Mein Papa muss für seine blöde Firma auf eine Geschäftsreise. Und Mamas Freundin unten im Erdgeschoss hat Liebeskummer und muss sich unbedingt mal wieder unter vier Augen bei ihr aussprechen. Mama lässt doch keine Freundin in Not hängen. „Falls was ist", sagt sie zu uns, bevor sie geht, „ihr wisst ja, wo ihr mich findet."

Jetzt bleibt nur noch mein peinlicher kleiner Bruder.

Als alle meine Freunde eingetroffen sind, gibt es erst ein großes Hallo. Sie stürzen sich sofort auf die Blutsuppe und die Monsterplätzchen. Und dann legen wir los und erzählen Gruselgeschichten, in der Hoffnung, dass mein Bruder Angst kriegt und dann runter zu Oma geht. Aber der ist wie ein Pickel an der Nase. Der geht nicht so einfach weg, wenn man ein bisschen an ihm rumdrückt. Im Gegenteil, der wird immer größer. Mein Bruder dreht jetzt voll auf, spielt Vampir und will Nele beißen. Ich bin schon froh, dass er sich als Vampir verkleidet hat – eigentlich wollte er als Ritter kommen. Als Ritter! Auf eine Gespensterparty! Lukas ist echt ein nerviges kleines Monster.

Wir spielen Flaschendrehen. Der, auf den die Flasche zeigt, darf sich etwas wünschen. Meine Freunde und ich haben etwas vereinbart: Egal, auf wen die Flasche zeigt, jeder wird sich wünschen, dass Lukas eine Stunde mit verbundenen Augen unten im Keller bei den Fahrrädern verbringen muss. Gut, das ist vielleicht gemein, aber dieser Angsthase wird sich das sowieso nicht trauen.

Lukas wird stattdessen unsere Party und das ganze Spiel doof finden, zu Oma runtergehen und mit ihr fernsehen. Wetten?

Die Flasche dreht sich. Alle sitzen grinsend und voll froher Erwartung da. Gleich werden wir das kleine Monster los sein.

Aber dann zeigt der Flaschenhals auf ihn: meinen peinlichen kleinen Bruder! Er macht eine Riesenshow daraus, dass er sich jetzt etwas wünschen kann.

Meine Freundin Nele flüstert mir zu: „Dem Monsterchen fällt bestimmt gar nichts ein."

Doch Lukas strahlt und ruft: „Wir gehen auf den Friedhof!"

Ich spüre gleich, dass er das ernst meint. Der Friedhof liegt nicht weit von hier, direkt bei der kleinen Kapelle.

„Und was sollen wir da?", fragt Nele.

„Na, uns gruseln!", lacht Lukas, das Monster. „Ich war noch nie nachts auf dem Friedhof."

Wir nehmen Kerzen und Taschenlampen mit. Für meine Mutter hinterlege ich einen Brief, falls sie von ihrer Freundin wiederkommt, bevor wir zurück sind.

> Liebe Mama, bitte mach dir keine Sorgen, wir sind auf dem Friedhof.

Lukas will, dass wir Killer, seinen Hasen, mitnehmen, aber alle sind dagegen.

Draußen sind schon die Straßenlaternen an und der Mond hängt als schiefe Sichel am Himmel. Ich sehe zu den Sternen und erkenne den großen und den kleinen Wagen.

Eigentlich darf man nachts nicht auf den Friedhof, um die Ruhe der Toten nicht zu stören. Aber wir sind auch ganz leise.
Lukas geht als Erster durch das Tor. Ihm folgen zwei Gespenster in weißen Laken und der Vampir Graf Dracula. Danach kommt Tim als ein Leuchtgerippe, das seinen Kopf unter dem Arm trägt. Damit das besser wirkt, hat er sein Gesicht schwarz angemalt. Ich schleiche als weiß geschminkte Wasserleiche mit Moos in den Haaren hinterher.
Auf einigen Gräbern stehen kleine Lichter. Unser Erscheinen schreckt ein paar Nachtvögel auf, die in den Baumkronen kreischen und mit den Flügeln flattern.
Nele nimmt meine Hand. Ihre Finger sind eiskalt. Auch ich fühle mich nicht wohl. Mein Bruder hat echt nur doofe Ideen! Am liebsten würde ich schnell wieder nach Hause gehen.
Keiner spricht ein Wort. Aber ich höre jeden Schritt auf den Kieselsteinen und sogar Neles Atem. Mein Herz pocht wie wild.
Da macht Lukas ganz leise: „Huhuhuhu!"
Ich hätte mir fast in die Hose gemacht.
Ganz in der Nähe hören wir fremde Stimmen. Sie kommen vom Rand des Friedhofs, wo der Park beginnt. Da schluchzt jemand.
Lukas will hin und wir pirschen alle gebückt hinterher.
Nele flüstert: „Sollen wir nicht besser abhauen?"
Aber ich kann doch meinen kleinen Bruder nicht hier auf dem Friedhof allein zurücklassen! Wie soll ich das meiner Mutter erklären?
Das Weinen wird lauter.
Wir sind ganz nah dran. Es ist hinter dem dichten Wachholderbäumchen.

„Du bist gemein! Ich will nicht mehr deine Freundin sein. Du kannst dir eine andere suchen!"
Dann hören wir schnelle Schritte. Ich sehe ein Mädchen mit flatterndem Rock zum Friedhofsausgang stürmen. Das ist doch Wiebke aus der achten Klasse! Ist die nicht mit Mark zusammen, dem gemeinen Kerl? Die sind bestimmt zum Knutschen hierhergekommen.
Ich höre ein Streichholz, das angerissen wird. Dann rieche ich Qualm. Mark sitzt auf einer Bank und raucht eine Zigarette.
Klug von Wiebke, dass sie mit dem Schluss gemacht hat. Jungs, die Kleinere auf dem Schulweg verhauen, sollten gar keine Freundin abkriegen.
„Dann hau doch ab, du blöde Kuh!", ruft er hinter ihr her.
Er ist es tatsächlich: Mark, dem ich jeden Morgen ein Geschenk mitbringen muss, damit er mich nicht verhaut.
„Wenn der uns erwischt, sind wir dran", raunt Nele in mein Ohr. Sie zittert leicht.
Wir wollen zurückpirschen, da macht mein kleiner Bruder wieder: „Huhuhuhu!"
Ich springe hinter einen Grabstein, um mich zu verstecken.

Mark stößt einen spitzen Schrei aus. Er hat sich echt erschreckt, aber er fängt sich schnell wieder und lacht: „Ich wusste, dass du zurückkommst, Wiebke. Du dachtest wohl, du kannst mich erschrecken, was?"
Da spricht mein kleiner Bruder mit tiefer Stimme: „Ich bin nicht Wiebke, du Idiot!"
Mark rennt nach links, dann nach rechts. Jetzt steht er vor meinen zwei Partygästen: einem Gespenst mit weißem Laken und einem Gerippe, das seinen Kopf unter dem Arm trägt. Mark schreit los.
Vor Schreck lässt Tim den Kopf fallen. In Wirklichkeit ist das ein Fußball, auf den er mit weißer Leuchtfarbe ein Gesicht gemalt hat. Der Kopf rollt jetzt auf Mark zu.
Mark fällt vor Angst auf die Knie und fleht: „Bitte, bitte, tut mir nichts!"
Jetzt nehme ich meinen Mut zusammen und trete als Wasserleiche hinter dem Grabstein hervor. Und mit verstellter Stimme sage ich zu Mark: „Du bist ein schlechter Mensch! Du quälst Kleinere auf dem Schulweg, anstatt sie zu beschützen."
Mark heult fast.
„Ja! Ja! Das stimmt! Ich bin ein Schwein! Echt ekelhaft! Aber ich werde mich bessern. Ganz bestimmt. Ich werde ein guter Mensch, aber bitte, bitte, tut mir nichts!"

„Gute Idee!", sagt Tim. Er schnappt sich seinen heruntergefallenen Kopf und hält ihn so hoch, als würde er ihn wieder auf seine Schultern schrauben.

„Der lügt doch!", zischt mein kleiner Bruder hinter ihm. „Wir sollten ihn nicht laufen lassen, sondern ihn mitnehmen in die Hölle, wo er hingehört."

Jetzt werden auch die anderen Gespensterpartygäste mutig und kommen aus ihren Verstecken.

Da rennt Mark kreischend los. Er traut sich nicht, den Kiesweg zu nehmen, denn dort steht ein kleiner Vampir und bohrt in der Nase. Er springt über Grabsteine und fällt dabei hin. Dann rappelt er sich wieder auf und verschwindet im Dunkeln.

Wir stehen noch eine ganze Weile still herum und können kaum glauben, was gerade passiert ist. Dann löst sich unsere Anspannung in riesiges Gelächter auf.

Wir warten noch so lange, bis wir sicher sind, Mark nicht mehr zu begegnen. Wir wollen ihn ja nicht noch mehr erschrecken.

Dann gehen wir gemeinsam zurück in unsere Wohnung. Wir essen Spinnweben am Stiel, Satansschwänze und Blutsuppe.

Klar darf Lukas weiter mitfeiern. Wenn ich ihn so anschaue, kommt er mir irgendwie größer vor, als sei er gewachsen.

Mark wird ganz bestimmt keine Geschenke mehr von mir verlangen. Wir werden in Zukunft keine Freunde werden, aber er wird mich in Ruhe lassen. Sonst rufe ich meine Freunde, die Gespenster!

Gustav, das Gerippe Lied

Text/Melodie: Bettina Göschl

1. Heut' Nachmittag, da fährt ein Kind hier in die Geisterbahn.
Und Gustav geistert gleich herbei, schon niest das Kind ihn an.
Zunächst friert er ein bisschen nur, doch dann wird's immer mehr.
Ganz krank geht er auf Geistertour, bald zittert Gustav sehr.

Refrain
Seht, Gustav, das Gerippe, wohnt in der Geisterbahn.
Er hat' ne schlimme Grippe und fängt zu niesen an. Hatschi!
Seht, Gustav, das Gerippe, wohnt in der Geisterbahn.
Er hat'ne schlimme Grippe und fängt zu niesen an. Hatschi!

2. Bei Husten, Schnupfen, Heiserkeit
will Gustav gruslig sein.
Doch seine Nase läuft so sehr,
das Kind kommt noch mal rein.
Es sagt zu Gustav: „Macht doch nichts!
Auch ich war neulich krank!"
Schon drückt es ihm ein Taschentuch
in seine Knochenhand.

Refrain

3. Da sagt sein Freund Graf Dracula:
„Hey, Gustav, ruh dich aus.
Ich leih' dir meinen weißen Schal.
Kurier dich erst mal aus!"
Zwei Tage lang ist Gustav krank,
er liegt in seinem Bett.
Graf Dracula pflegt ihn gesund,
ja, der ist richtig nett.

Refrain

4. Schon bald ist Gustav wieder fit.
Auf geht's zur Geisterbahn!
Heut' wird erschreckt den ganzen Tag,
da niest ihn jemand an.
Es ist sein Freund Graf Dracula,
ganz krank sieht er schon aus.
Und Gustav sagt: „Ich pflege dich.
Kurier dich erst mal aus!"

Refrain

Rätsel C: Gustav, das Gerippe

Vor jeder Antwort steht ein Buchstabe für das Lösungswort. Wenn ihr die richtige Lösung gefunden habt, tragt den entsprechenden Buchstaben unten auf der Seite mit Bleistift ein.

1. Wo erschreckt Gustav, das Gerippe, die Menschen?
K im Geisterschloss
T in der Geisterbahn
R in der Hundehütte

2. Welche Krankheit bekommt Gustav, das Gerippe?
U Fußpilz
H Durchfall
A Grippe

3. Wodurch wird Gustav, das Gerippe, krank?
N ein Kind niest Gustav in der Geisterbahn an
V Gustav isst zu viel Erdbeereis
C Gustav war zu lange in der Badewanne

4. Was bekommt Gustav, das Gerippe, von einem Kind in die Knochenhand gedrückt?
S einen Waschlappen
Z ein Taschentuch
W ein Stück Sahnetorte

5. Was leiht Graf Dracula seinem Freund Gustav?
E seinen weißen Schal
L seinen weißen Sarg
Ü seine weiße Socke

6. Wer wird krank, nachdem Gustav wieder gesund ist?
M Gustavs Lieblingsoma
I Dreistein, der kleine Geist
N Graf Dracula

Lösungswort Rätsel C:

__ __ __ __ __ __
1. 2. 3. 4. 5. 6.   Auflösung auf Seite 88

Die Fledermaus – auch ein Vampir? Info

Fledermäuse gibt es bei uns auf der Erde schon seit sehr langer Zeit. Anders als Vögel legen sie keine Eier, sondern gebären ihre Jungen lebend. Sie sind also die einzigen Säugetiere, die fliegen können.
Es gibt unzählige Fledermausarten. Zum Beispiel den Abendsegler, der zu den größten Fledertieren gehört. Er kann sehr weite Strecken zurücklegen. Vermutlich frisst er im Flug sogar Vögel.
Dann gibt es eine Fledermaus, die Mausohr genannt wird, da ihre Ohren denen von Mäusen ähneln. Sie hält sich gern in der Nähe von Menschen auf. Eine andere wiederum heißt Breitflügelfledermaus. Und wie der Name schon sagt, hat sie breite Flügel: Diese haben eine Spannweite von etwa sechsunddreißig Zentimetern.
Die Langohrfledermaus hat mit bis zu vier Zentimetern besonders lange Ohren – und ihr Körper, also Kopf und Rumpf, ist ja selbst nur vier bis sechs Zentimeter groß.
Die Namen Mopsfledermaus und Hufeisennase klingen besonders lustig. Die Schnauze der einen wirkt tatsächlich wie die eines Mopses und die Nase der anderen Fledermaus sieht aus wie ein Hufeisen.
Die kleinste europäische Art ist die Zwergfledermaus. Sie ist etwa drei bis fünf Zentimeter groß und hat eine Flügelspannweite von achtzehn bis dreiundzwanzig Zentimetern. Zusammengekauert und mit gefalteten

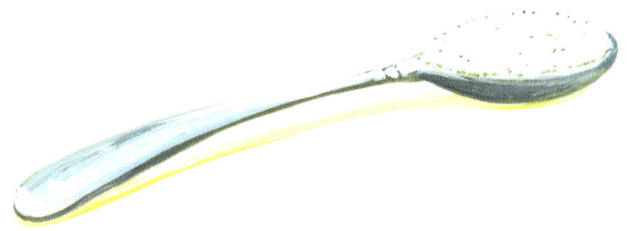

Flügeln ist sie nicht größer als eine Streichholzschachtel.
Die Zwergfledermaus wiegt nur drei bis acht Gramm, also etwa so viel wie ein bis zwei Teelöffel Zucker.
In der Tat gibt es Fledermäuse, die nach Vampiren benannt sind: Die Vampirfledermäuse. Von ihnen sind drei Arten bekannt: der Gemeine Vampir, der Kammzahnvampir und der Weißflügelvampir. Vampirfledermäuse haben messerscharfe Zähne. Damit beißen sie kleine Wunden in die Haut schlafender Tiere, wie Schweine, Rinder und Geflügel. Wenn ein bisschen Blut herausfließt, lecken sie es auf. Aber in Europa gibt es diese Arten nicht. Bei uns ernähren sich viele Fledermäuse von Insekten, einige aber auch von Vögeln, Mäusen, Fröschen und Fischen.
Im Sommer leben viele Fledermäuse, wie die Zwergfledermaus, in Wäldern, Bäumen, Gärten, in oder an Gebäuden, in Dachstühlen oder manchmal sogar hinter Fensterläden. Wenn es im Winter kalt wird, suchen sie sich Unterkünfte in Höhlen, Baumhöhlen, Kellern, Häusern, Kirchtürmen und alten Gemäuern. Dort halten sie ihren Winterschlaf. In dieser Zeit brauchen sie nicht einmal etwas zu fressen.
Die Wasserfledermaus hält sich an Teichen, Seen und fließenden Gewässern auf. Dort jagt sie nach Insekten. Ihre Jungen bringt sie aber in Mauerritzen und Baumhöhlen zur Welt.

Fledermäuse haben ein ausgezeichnetes Gehör. Menschen sehen mit den Augen, aber diese Flattertiere mit ihren Ohren. Sie erfassen Töne, die kein Mensch hören kann, und senden sie auch aus. Diese Laute werden im Kehlkopf der Fledermaus gebildet und durch die Nase oder den Mund ausgestoßen. Wie ein Echo kommen die Töne dann wieder zu ihr zurück.

Dadurch kann sie bestimmen, wo sich etwas in ihrer Umgebung befindet, und so jagt sie ihre Beute. Sie weiß sogar genau, um welches Insekt es sich handelt.
Fledermäuse sind Nachttiere und werden erst in der Abenddämmerung oder nach Einbruch der Dunkelheit munter. Sie schlafen am Tag und hängen dabei mit dem Kopf nach unten. Leider sind sie vom Aussterben bedroht, da es immer weniger Lebensraum und Insekten für sie gibt. Die Langflügelfledermaus ist in Deutschland bereits ausgestorben. Sie galt als schnellste Fledermaus Europas und konnte siebzig Kilometer pro Stunde zurücklegen. Fledermäuse können bis zu dreißig Jahre alt werden. Wegen ihres ungewöhnlichen Aussehens und der schnellen, ruckartigen Flugbewegungen gruseln sich viele Menschen vor ihnen. Und vielleicht tauchen diese Nachttiere deshalb so oft in Geister- und Vampirgeschichten auf.

Fingerspiel: „Klitzekleine Fledermäuse" Spiel

Text

1. Klitzekleine Fledermäuse
wohnen unterm Dach.
Klitzekleine Fledermäuse
werden langsam wach.

2. Klitzekleine Fledermäuse
flattern nachts durch's Land.
Klitzekleine Fledermäuse
sind hier wohlbekannt.

3. Klitzekleine Fledermäuse
tanzen in der Runde.
Klitzekleine Fledermäuse
gehen zur Geisterstunde.

4. Klitzekleine Fledermäuse
fliegen auf und ab.
Klitzekleine Fledermäuse
machen niemals schlapp.

5. Klitzekleine Fledermäuse
haben ganz viel Spaß.
Klitzekleine Fledermäuse,
die erzähl'n sich was.

6. Klitzekleine Fledermäuse
flattern auf dich zu.
Klitzekleine Fledermäuse
kitzeln dich im Nu.

Anleitung für das Fingerspiel

Mit Händen ein Dach formen

Langsam die zehn
Finger bewegen

Mit Fingern hin- und herzappeln.

Mit Fingern rundherum zappeln

Mit Fingern auf- und abzappeln

Finger zappeln durcheinander

Fingerspitzen beider Hände
zappeln aufeinander zu

Kinder stehen auf und gehen mit
zappelnden Fingern aufeinander zu,
dann kitzeln sie sich gegenseitig

Tipp
Achtet beim Kitzeln darauf, achtsam mit den anderen Kindern umzugehen.

Frieda und Fred Fledermaus Basteln

Wir brauchen:

Für eine Fledermaus
- 1 Klopapierrolle
- schwarze Wasserfarbe
- Pinsel
- Becher mit Wasser
- Zeitungspapier oder Papiertaschentücher
- buntes und schwarzes Seidenpapier
- schwarzes und weißes Tonpapier
- Wackelaugen
- Pfeifenputzer in Schwarz
- rote Wolle
- Kleber
- Schere
- Bastelunterlage
- Vorlage Fledermausflügel

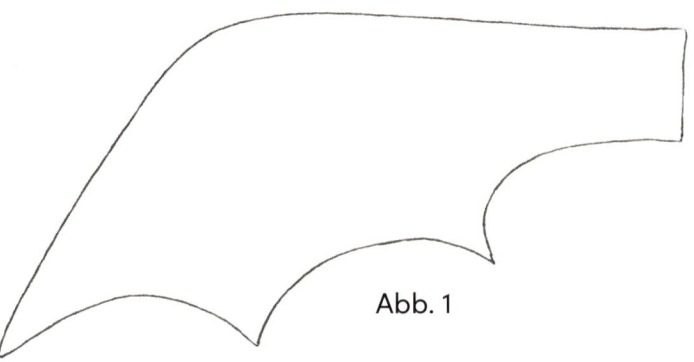

Abb. 1

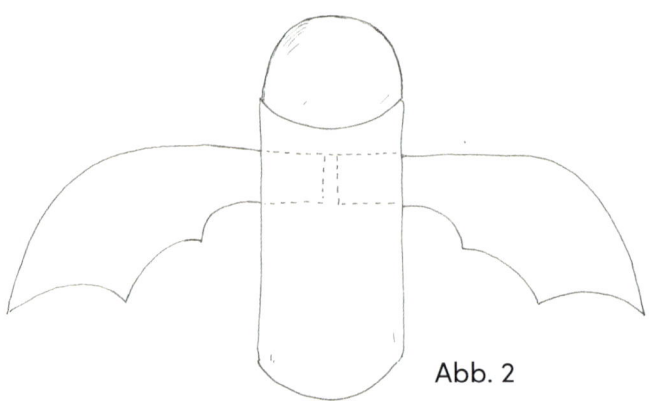

Abb. 2

So wird's gemacht:

1. Die Klopapierrolle mit schwarzer Wasserfarbe bemalen und trocknen lassen.

2. Die Vorlage der Flügel (Abb. 1) kopieren und als Schablone ausschneiden. Dann zwei Flügel auf das schwarze Tonpapier zeichnen, ausschneiden und auf die Klopapierrolle kleben.

3. Aus Papiertaschentüchern oder Zeitungspapier eine Kugel formen. Sie sollte etwa so groß sein wie die Klorollenöffnung. Ein Stück Seidenpapier 12 x 12 cm groß zuschneiden und die Papierkugel damit umwickeln.

4. Den Rand der Klorollenöffnung mit Klebstoff bestreichen. Die Papierkugel in die Öffnung stecken und andrücken. Die Kugel sollte zu etwa ¾ aus der Öffnung gucken. Das wird der Fledermauskopf.

5. Aus dem schwarzen Tonpapier zwei spitze Ohren ausschneiden. Die unteren Ränder ein paar Millimeter nach oben falten und beide Ohren auf den Kopf kleben.

Abb. 3

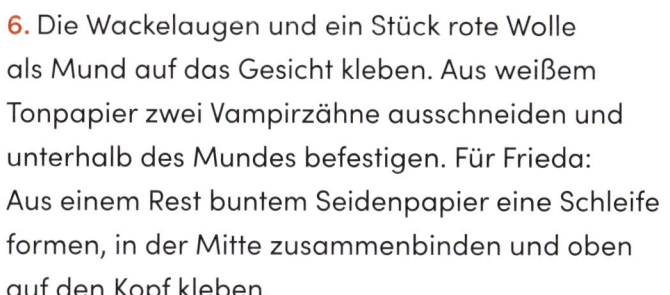

6. Die Wackelaugen und ein Stück rote Wolle als Mund auf das Gesicht kleben. Aus weißem Tonpapier zwei Vampirzähne ausschneiden und unterhalb des Mundes befestigen. Für Frieda: Aus einem Rest buntem Seidenpapier eine Schleife formen, in der Mitte zusammenbinden und oben auf den Kopf kleben.

7. An der unteren Öffnung gegenüberliegend zwei Löcher einstechen. Rechts und links je einen Pfeifenputzer als Füße anbringen und biegen. Lange Pfeifenputzer vorher einmal teilen. Nun kann Frieda oder Fred Fledermaus kopfüber an den Füßen im Raum aufgehängt werden.

3 Monster, tanzt herbei!

NESSIE

FRANKENSTEINS KREATUR

Berühmte Monster Info

Egal ob groß oder klein: Vielen Menschen macht es Spaß, sich an Karneval oder Halloween als Gruselmonster zu verkleiden. Auch Monster sind Erfindungen des Menschen, etwa der bekannte Riesenaffe King Kong oder die urzeitliche Echse Godzilla, die in beliebten Filmreihen auftreten.
Sehr berühmt ist auch die Frankenstein-Kreatur. Könnt ihr euch vorstellen, dass eine junge Engländerin die Idee hatte, so eine Gruselgeschichte zu schreiben? Ihr Name war Mary Shelley. Wahrscheinlich kam sie so auf ihre Geschichte:
Vor fast zweihundert Jahren war Mary mit ein paar Freunden am Genfer See zu Gast. Ein Unwetter tobte über dem Gewässer. Blitze erleuchteten den Himmel. Der Donner krachte so laut, dass Mary und ihre Freunde sich nicht mehr hinaustrauten. Und so fingen sie an, sich Gruselgeschichten auszudenken und aufzuschreiben. Durch die unheimliche Atmosphäre wurde Mary angeregt, die Idee von Frankenstein und seiner Kreatur zu entwickeln.

Aber wer genau war dieser Frankenstein? Die Geschichte ist wirklich sehr gruselig: Victor Frankenstein war ein junger Wissenschaftler und hatte sich in den Kopf gesetzt, einen Menschen zu erschaffen. Im Keller hatte er ein Labor, in dem er seine Experimente durchführte. Was dabei herauskam, war ein Geschöpf, das er mit Hilfe von Elektrizität zum Leben erweckte.

Es gibt noch ein Wesen, das sehr berühmt geworden ist: das Ungeheuer von Loch Ness. In diesem schottischen See soll „Nessie", wie es manchmal liebevoll genannt wird, vor etwa 90 Jahren entdeckt worden sein. Ein Ehepaar konnte angeblich beobachten, wie zwei ziemlich große dunkle Buckel an der Wasseroberfläche auftauchten. Seitdem hat es unzählige Versuche gegeben zu beweisen, dass es das Seeungeheuer wirklich gibt. Gelungen ist das aber bis heute niemandem.

Die Gruselnacht Geschichte

Eigentlich habe ich ja gar nichts gegen Mädchen, aber meine Schwester Tina kann sooo eine blöde Ziege sein, denn sie sagt immer Monster zu mir. Dabei heiße ich Lukas. Manchmal nennt mich Tina auch Krümelmonster! Bloß weil ich einmal ihren Weihnachtsteller leer gegessen habe. Ich war damals noch ganz klein. Deshalb bin ich auf dem Boden herumgekrabbelt und habe unterm Tannenbaum alle Kekse aufgegessen. Die Dominosteine habe ich mir ins Gesicht geschmiert. Das Lebkuchenherz wollte ich eigentlich in Tinas neuen CD-Spieler schieben, aber es war zu dick und Tina bekam einen Schreikrampf.

Papa hat das alles fotografiert. Seitdem nennt Tina mich Monster. Wenn sie gut gelaunt ist, sagt sie „mein süßes kleines Krümelmonster" zu mir. Aber wenn sie genervt ist, nur „Monster".

Heute ist Tina echt sauer auf mich. Denn sie übernachtet heute mit ihrer Klasse in der Bücherei. Sie machen eine Gruselnacht. Und ich will unbedingt mit. Tina guckt mich an und sagt: „Nee, Monster, dafür bist du noch zu klein."

Immer wenn sie mich nicht dabei haben will, sagt sie, ich bin zu klein. Sie beleidigt mich dann so lange, bis ich gar keine Lust mehr habe mit ihr zusammen wegzugehen.

Jetzt verzieht Tina den Mund. „Ich kann dich nicht mitnehmen, du kleiner Angsthase, das ist viel zu gruselig für dich. Das hältst du gar nicht aus. Wir lesen Gespenstergeschichten vor."

„Aber ich denke, ich bin ein Monster?!", sage ich. „Monster haben keine Angst. Sie machen Angst!"

„Ja", lacht Tina. „Aber du bist ein kleines Angsthasen-Lukas-Monster! Und jetzt lass mich. Ich erzähl dir morgen, wie es war."

Manchmal, wenn ich Papa mit dem richtigen Blick angucke, muss Tina mich doch mitnehmen. Aber diesmal klappt das nicht. Mama und Papa wollen zur Geburtstagsparty von irgendeinem doofen Chef, den sie eigentlich gar nicht leiden können. Ich soll zu meiner Oma, die hier im Haus zwei Treppen tiefer wohnt.

Ich frage meine Eltern, ob ich nicht hier bleiben kann. Mama und Papa gucken sich an.

„Alleine?", staunt Mama.

„Du warst noch nie alleine zu Hause, Lukas", meint Papa.

„Ich bin doch nicht wirklich alleine", erkläre ich. „Killer, mein Hase, ist ja bei mir."

Ob ich denn gar keine Angst hätte, fragt Mama. Bei ihnen würde es sehr spät werden und Tina käme erst morgen wieder.

„Ich weiß", maule ich „Sie übernachtet mit ihrer doofen Klasse in der Bücherei. Sie machen eine bescheuerte Gruselnacht mit Gespenstergeschichten und so."

Ich quengele so lange, bis Mama und Papa einverstanden sind. Ja! Ich darf alleine bleiben. Oma sei ja unten, betonen sie immer wieder, als ob ich das nicht wüsste. Ich bin doch kein Baby mehr!

Dann beobachte ich Tina, wie sie ihren Rucksack packt. Sie nimmt ihre Taschenlampe, ihren Schlafsack und eine Flasche Wasser mit. Und dann bekomme ich mit, wie sie heimlich ihre Lieblingspuppe Susi einpackt. Das soll aber wohl keiner sehen, deshalb wickelt sie Susi in ein Handtuch ein. Ich wette, meine Schwester hat selbst Angst vor der Gruselnacht.

Als alle weg sind, mache ich mir meinen eigenen Gruselabend.

Zunächst knipse ich überall das Licht aus und lege mich mit meiner Taschenlampe ins Bett. Da mir keiner Gespenstergeschichten vorliest, lege ich mir ein Hörspiel ein. Mein CD-Player funktioniert ja noch. Da hat nie jemand Lebkuchenherzen reingeschoben.

Ich habe eine Krimi-CD, die habe ich schon oft gehört. Sie handelt von zwei unheimlich schlauen und mutigen Kindern, die einen Einbrecher reinlegen.

Aber auf einmal sind da Töne, die ich gar nicht kenne. Oder haben schon immer Treppenstufen geknarrt, wenn der Einbrecher kommt?

Und ist da gerade im Wohnzimmer etwas umgefallen oder knackt es nur auf meiner alten CD?

War das eben eine Tür, die im Flur zugeknallt ist? Ich schalte den CD-Spieler aus und lausche in die dunkle Stille.

Ich könnte das Licht anmachen. Aber was, wenn da jemand ist? Vielleicht ein Einbrecher oder ein Gespenst? Dann locke ich den Eindringling mit dem Licht nur an.

Meine Hände schwitzen. Ich halte die Taschenlampe fest und lausche.

Oh ja, da ist jemand.

Ich muss hier raus, und zwar schnell.

Aber es gibt nur einen Weg nach draußen, und der führt durchs Wohnzimmer. Und genau da ist etwas und schleicht herum. Ich höre es scharren und kratzen, als hätte es fürchterliche Klauen.

Zum Glück habe ich eine Dracula-Maske. Die hat Papa beim Karneval getragen, aber weil Oma einen Schreikrampf bekam, hat Mama sie in den Müll geworfen.

Doch ich konnte sie noch retten, und das war gut so, denn jetzt brauche ich diese Maske ganz dringend. Was gruselig genug ist, meine Oma zu erschrecken, reicht vielleicht auch aus, um dem Gespenst im Wohnzimmer Angst zu machen.

Vielleicht würde es mich angreifen. Ich bin ja nur ein kleiner Junge, der zum ersten Mal allein in der Wohnung ist. Aber wer wagt es, Dracula zu stoppen, wenn er kreischend durchs Wohnzimmer rennt? Ich öffne die Tür

und laufe los. Doch dann hoppelt mir etwas vor die Füße. Mein Hase Killer!
Ich wäre im Dunkeln fast über ihn gefallen.
Er muss irgendwie aus seinem Käfig ausgebrochen sein.
Killer hieß früher mal Paulchen. Doch weil er mich oft so süß mit seinem schwarzen Fell gekitzelt hat, habe ich ihm irgendwann seinen neuen Namen gegeben. Mein Hase hört auf ihn. Jedes Mal, wenn ich „Killer" rufe, richtet er die Ohren auf und schnuppert. Er weiß, dass er dann meistens eine Mohrrübe bekommt.
Ich trage ihn zurück und streichle sein Fell.
„So, Killer, du Nachtgespenst", sage ich. „Jetzt schlaf schön. Du hast mich echt erschreckt."
Das muss ich meiner Schwester erzählen, denke ich. Überhaupt will ich nicht länger alleine bleiben und mich gruseln. Ich möchte lieber bei Tina sein und mir Gruselgeschichten vorlesen lassen.
Also ziehe ich mir meine Turnschuhe an und mache mich auf den Weg zur Bücherei.
Draußen ist es schon sehr dunkel, aber zum Glück kenne ich den Weg. Außerdem habe ich meine Taschenlampe bei mir.

Vielleicht hat Killer jetzt Angst, alleine zu bleiben, denke ich und gehe noch mal zurück, um ihn zu holen.
Killer hat es gerne, wenn ich ihn herumtrage.
Er kriecht dann immer in mein Hemd und kuschelt sich an mich.
Die Bücherei ist leider abgeschlossen. Ich kann im obersten Stockwerk das Licht sehen, aber hier unten ist alles dunkel.
Ein Fenster ist gekippt. Da passe ich zwar nicht durch, dafür aber Killer. Mein Hase springt mir aus dem Hemd und verschwindet durch den offenen Spalt ins Innere der Bücherei.
Ich rufe: „Killer! Killer!" Aber er kommt nicht zurück.
„Killer!", rufe ich. „Killer!"
Jetzt geht das Licht im Flur an.
Ich kenne das Mädchen da im Treppenhaus.
Sie heißt Nele und hat Tina schon oft besucht.
Sie nennt mich auch immer Monster, genau wie meine doofe Schwester.
Nele sucht bestimmt die Toilette.

„Vorsicht, Killer!", schreie ich von draußen, damit sie nicht auf meinen Hasen tritt, aber zu spät. Killer will sich an ihre Füße kuscheln und sie stolpert über ihn.
Der Hase quiekt und flüchtet hinter einen Papierkorb.
Nele kreischt los: „Hilfe, eine Ratte!"
Schon kommen die anderen angelaufen und stehen blass vor Schreck im Flur herum.
Die Lehrerin, Frau Bödecker, versucht Nele zu beruhigen und erklärt, dass es hier keine Ratten gibt.
Ich habe das blöde Gefühl, alles falsch gemacht zu haben und verstecke mich vorsichtshalber hinter der blauen Mülltonne. Ich bin ganz still, damit mich niemand bemerkt.
Nele will nach Hause. Auf keinen Fall möchte sie an einem Ort schlafen, an dem es Ratten gibt.
Obwohl Nele direkt neben der Bücherei wohnt, kann Frau Bödecker sie nicht gehen lassen. Ihre Eltern sind nicht zu Hause. Nele fängt an zu weinen. Tina will sie beruhigen, aber das hilft nicht. „Ich glaube, draußen war jemand!", schluchzt Nele ängstlich.
Frau Bödecker schließt die Tür auf und geht nach draußen. Tina und Nele folgen ihr. Dann stehen alle drei direkt neben der Mülltonne.
Ich habe ein schlechtes Gewissen und will alles wiedergutmachen. Ich komme hinter der Mülltonne hervor und sage:
„Das war keine Ratte. Das war mein Killer!"
Als die drei mich sehen, kreischen sie los. Oh weh. Ich muss wohl vergessen haben, die Dracula-Maske abzunehmen.
Jedenfalls will ich ohne meinen Hasen nicht gehen und brülle in den Flur: „Killer!"

Alle aus Tinas Klasse rennen aufgeregt aus dem Flur in die Bücherei zurück.
Langsam kriegt Frau Bödecker wieder Luft.
„Wer bist du?", fragt sie.
„Man nennt mich Monster", sage ich, „aber Sie dürfen ruhig Lukas zu mir sagen."
Dann nehme ich die Maske ab.
„Du bist so blöd!", schreit meine Schwester.
Nele keucht. „Ich hätte mir fast in die Hose gemacht!"
„Na, wer ist hier der Angsthase, hä?", frage ich triumphierend. „Du oder ich?"
Aber Tina schimpft mit mir. „Was soll der Quatsch? Du kannst doch nicht einfach nachts alleine von zu Hause abhauen! Ich wette, du hast Oma nicht Bescheid gegeben. Du machst nur Mist!"
Ich verteidige mich: „Ich wollte doch nur bei euch sein, und Killer auch. Allein gruseln ist doof. Ich will mich mit euch gruseln!"
Jetzt guckt Tina betreten und nimmt mich in den Arm. „Ach du, mein süßes, kleines Krümelmonster."
Dann spricht sie kurz mit Frau Bödecker. Die ruft meine Eltern an und dann wird es doch noch ein schöner Abend. Ich darf bleiben!
Frau Bödecker liest uns allen Gruselgeschichten vor. Ich liege mit Tina im Schlafsack und später krabbelt Killer noch mit hinein. Als es ganz dunkel ist, packt Tina sogar ihre Puppe Susi aus.

Rätsel D: Die Gruselnacht

Vor jeder Antwort steht ein Buchstabe für das Lösungswort. Wenn ihr die richtige Lösung gefunden habt, tragt den entsprechenden Buchstaben unten auf der Seite mit Bleistift ein.

1. Wie wird Lukas von seiner Schwester Tina genannt, wenn sie gut drauf ist?
Y Keksmonster
B Plätzchenmonster
N Krümelmonster

2. Wie heißt der Hase von Lukas?
Q Knaller
A Killer
V Knüller

3. Wo übernachtet Tina zu einer Gruselnacht mit ihrer Klasse?
C in der Bücherei
Ü in der Schule
M in der Bäckerei

4. Als was verkleidet sich Lukas?
H als Dracula
Ö als Frankenstein
X als Eisprinzessin

5. Warum geht Lukas nachts alleine zu Tina?
W weil er Zahnschmerzen hat
T weil er nicht allein sein will
P weil er in Frau Bödecker verliebt ist

6. Worin schlafen Lukas und Tina in der Gruselnacht?
S im Schlafsack
I im Bett
E im Sarg

Lösungswort Rätsel D:

__ __ __ __ __ __
1. 2. 3. 4. 5. 6.

Auflösung auf Seite 88

Monstermaske Basteln

Wir brauchen:

- 1 große Papiertüte
- Finger- oder Wasserfarben
- Pinsel
- Schere
- Kleber
- Papierreste (Krepppapier, Seidenpapier ...)
- Wollreste
- sonstige Materialien zum Verzieren
- alte Zeitungen
- Filzstift
- Malkittel

1. Die Papiertüte mit der Öffnung nach unten vorsichtig auf das Gesicht des Kindes legen. Eine zweite Person zeichnet mit dem Filzstift die Umrisse von Augen, Nase und Mund auf. Achtung: Nicht mit dem Stift ins Gesicht des Kindes stechen!

2. Damit die Augen etwas gruselig aussehen, die Augenschlitze schräg nach oben aus der Papiertüte schneiden. Öffnungen für Nase und Mund einschneiden.

3. Das Zeitungspapier in die Tüte legen, damit die Rückseite beim Bemalen nicht durchweicht. Die Vorderseite nun „monsterhaft" bemalen. Bei jüngeren Kindern eignet sich dafür Fingerfarbe besonders gut.

4. Wenn die Vorderseite getrocknet ist, wird der Hinterkopf bemalt, je nach Fantasie der Kinder. Auch dafür wieder Zeitungspapier in die Tüte legen

5. Wenn die Farbe trocken ist, kann die Maske noch mit Papier oder anderen Materialien verziert werden. Aus Wollresten können Monsterhaare aufgeklebt werden.

Nun die Maske aufsetzen und auf geht's zum Monstertanz!

Monstertanz Lied

Text/Melodie: Bettina Göschl

1. Kommt und grölt wie Monster grölen!
Ua-ha! Ua-ha!
Das Grölen dringt aus ihren Höhlen!
Ua-ha! Ua-ha!

Refrain
Monster, tanzt herbei, zum Geisterfeuer heut!
Monster, tanzt herbei, man hört euch von ganz weit!
Monster, tanzt herbei, ganz gruslig seht ihr aus!
Monster, tanzt herbei, noch ist das Fest nicht aus!

2. Kommt, zeigt eure Monsteraugen!
Ua-ha! Ua-ha!
Ganz furchtbar sind sie anzuschauen!
Ua-ha! Ua-ha!
Refrain

3. Kommt, zeigt eure Monsterkrallen!
Ua-ha! Ua-ha!
Ach, wie gut sie uns gefallen!
Ua-ha! Ua-ha!

Refrain

4. Kommt, zeigt eure Monsterbäuche!
Ua-ha! Ua-ha!
Denn so sind die Geisterbräuche.
Ua-ha! Ua-ha!

Refrain

5. Trampelt mit den Monsterfüßen!
Ua-ha! Ua-ha!
So könnt ihr ums Feuer düsen!
Ua-ha! Ua-ha!

Refrain

Wir brauchen:

- eine Gruppe Monsterkinder
- rote und gelbe Tücher
- einen großen Raum
- das Lied „Monstertanz" von der CD *Gespensternacht und Monsterspuk* oder eine Gitarre, um selbst zu spielen

Tanzanleitung

Die Tücher am Boden knüllen und zu einem Feuer formen.

1. Strophe: Die Kinder bilden mit den Händen am Mund einen Trichter und singen „Ua-ha", dazu tanzen sie hintereinander um das Monsterfeuer.

2. Strophe: Die Kinder formen mit den Fingern Augen und tanzen um das Feuer.

3. Strophe: Die Kinder zeigen ihre Monsterkrallen und tanzen dabei um das Feuer.

4. Strophe: Die Kinder zeigen auf ihre Monsterbäuche und strecken sie nach vorne. Dabei gehen sie um das Feuer.

5. Strophe: Die Kinder trampeln und düsen um das Feuer.

Refrain

Ab „Monster tanzt herbei" im Nachstellschritt hintereinander im Kreis um das Feuer tanzen, ab der zweiten Hälfte des Refrains Richtungswechsel.

Monsterpizza
Rezept

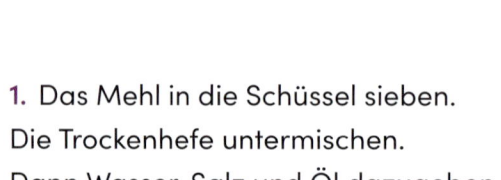

Wir brauchen (für etwa 8–10 Stück):

Für den Teig:
- 500 g Weizenmehl
- 1 Päckchen Trockenhefe
- 4 EL Speiseöl
- 1 TL Salz
- 300 ml lauwarmes Wasser
- Sieb
- Rührschüssel
- Handmixer oder Küchenmaschine

Für den Belag:
- 400 bis 500 g Käse zum Bestreuen und Belegen (z.B. Gouda und Mozzarella, ggf. eine vegane Alternative)
- 1-2 Tuben Tomatenmark
- nach Belieben:
  - Champignons (frisch oder aus der Dose)
  - bunte Paprika
  - frische Tomaten und kleine Cocktailtomaten
  - Zucchini
  - Aubergine
  - Salatgurke
  - Mais
  - Möhren aus der Dose
  - Schnittlauch
- Messer
- Schneidebrett
- Löffel

1. Das Mehl in die Schüssel sieben. Die Trockenhefe untermischen. Dann Wasser, Salz und Öl dazugeben.

2. Die Zutaten von Hand oder mit der Küchenmaschine vermengen, zunächst auf niedriger, dann auf hoher Stufe. Etwa fünf Minuten verkneten.

3. Den Teig zudecken und an einem warmen Ort stehen lassen, bis er sich vergrößert hat.

4. Anschließend den Teig aus der Schüssel nehmen. Mit etwas Mehl den Teig noch einmal durchkneten. Falls er zu klebrig ist, Mehl zugeben, bis er geschmeidig wird.

5. Den Teig in 8-10 Stücke teilen und zu runden Pizzaböden formen. Als Grundlage das Tomatenmark mit einem Esslöffel auf den Pizzaböden verteilen.

6. Nun sind der Fantasie keine Grenzen gesetzt. Aus dem Gemüse und dem Käse könnt ihr verschiedene Formen schneiden und damit Monstergesichter gestalten, z. B.

a) Paprika-, Karotten- oder Zucchinistreifen für einen Zick-Zack-Mund

b) Dreiecke aus Zucchini, Auberginen oder Paprika für gefährliche Vampirzähne

c) Maiskörner wirken sehr gut als Monsterzähne oder als Pupillen für Monsteraugen.

7. Die belegten Monstergesichter im vorgeheizten Backofen auf mittlerer Schiene bei 180-200 Grad etwa 10-15 Minuten backen. Hin und wieder nachsehen, ob die Monstergesichter fertig sind.

Tipp: Nach dem Backen könnt ihr ein kleines Ratespiel veranstalten. Durch die Hitze im Backofen zerläuft der Käse und die Gesichter verändern sich. Auch das Gemüse wird kleiner und schmort zusammen. Wisst ihr noch, welches Monstergesicht ihr belegt habt?

Schwarze Riesenspinne
Basteln

Wir brauchen:

- 2 Styroporkugeln mit 8 und 12 cm Durchmesser
- schwarze Wasser- oder Plakafarbe
- Zahnstocher
- rote oder orangefarbene Krepppapierreste
- 9 schwarze Pfeifenputzer
- Malkittel
- Bastelunterlage

So wird's gemacht:

1. Die beiden Styroporkugeln mit schwarzer Farbe bemalen und trocknen lassen.

2. Mithilfe der Zahnstocher die kleinere mit der größeren Kugel verbinden.

3. Vier Pfeifenputzer auf der rechten Seite des Körpers einstecken und vier auf der linken Seite. Die Pfeifenputzer zu Spinnenbeinen biegen.

4. Für die Augen das Krepppapier zu Kügelchen formen und auf den Kopf kleben. Aus gekürzten Pfeifenputzern könnt ihr Mundwerkzeuge basteln und ankleben.

Tipp: Aus kleineren Styroporkugeln könnt ihr auch kleinere Spinnen basteln. Die Pfeifenputzer müsst ihr dann entsprechend verkürzen.
Ob die Spinne auch loskrabbelt?

Unheimliche Spukorte Info

Erzählungen und Filme sind voll von gruseligen Schauplätzen und Gebäuden, wo es angeblich spukt. Doch auch über manche echte Orte gibt es unheimliche Geschichten. So sollen sich vor über 200 Jahren in einem Wohnhaus in Stans unerklärliche Dinge abgespielt haben. Stans liegt in der Schweiz am Vierwaldstädter See. Die Menschen erzählen sich, dass dort Fenster und Türen von allein auf- und zuflogen, bis sie kaputt zu Boden fielen. Wie von Geisterhand wurden Bilder von den Wänden gerissen. Äpfel hüpften durch die Zimmer und Steine prasselten gegen die Kaminwände.

Spannend ist auch eine Spukgeschichte aus Breslau in Polen. Dort stehen zwei alte Häuser. Das eine heißt „Zum grünen Rautenkranz" und das andere „Zur stillen Musik". Aus diesen Häusern soll einmal im Jahr zur Adventszeit ein herrlicher Gesang erklingen. Kommt man den Stimmen näher, verschwinden sie nach und nach, bis keine Musik mehr zu hören ist, und es ist auch niemand zu sehen.

Dann gibt es noch Schauergeschichten über ein Bauernhaus in Großerlach. Das liegt in Baden-Württemberg. Dort sollen sich im Jahre 1916 ein paar Wassereimer von selbst fortbewegt haben. Türen wurden aus den Angeln gehoben und fielen um. Sogar Holzstücke aus dem Feuer tanzten umher. Das Haus wurde abgerissen und seitdem hat der Spuk ein Ende.

Auf der Schallaburg in Österreich wurde angeblich mehrmals ein Mädchen mit dunklen Haaren und einem Hundekopf gesehen. Das Hundefräulein, wie es genannt wird, ist aber wohl kein böser Geist, sondern sehr friedlich und hat gute Absichten.

Und in einem amerikanischen Gruselhaus in Louisiana sollen Gespenster sogar Spuren hinterlassen: In einem alten Spiegel tauchen an einer bestimmten Stelle immer wieder die gleichen Handabdrücke auf, obwohl das Spiegelglas schon mehrmals ausgetauscht worden ist. Der Spiegel wird außerdem regelmäßig geputzt, aber die Handabdrücke verschwinden nicht. Zudem soll dort die Gestalt einer längst verstorbenen Frau mit einem Turban gesehen worden sein.

In Freudenstadt im Schwarzwald steht ein verlassenes Hotel, das voller düsterer Geheimnisse stecken soll. Die Menschen erzählen sich, dass dort der Geist der Hotelbesitzerin herumspukt. Seither machen die Anwohner und Anwohnerinnen einen großen Bogen um das Anwesen.

Bewiesen sind all diese Geschehnisse nicht. Verwitterte Burgen, Verliese, Friedhöfe und Schlösser regen häufig die Fantasie an. Oft reicht auch ein dunkles Haus, eine Wohnung, ein Dachboden oder Keller schon aus, um dort Gespenster zu vermuten. Und so entpuppt sich ein Geist, den man nachts gesehen haben will, bei Tageslicht vielleicht als Mantel oder Hut, der an einem Garderobenständer hängt. Aber ein klein wenig Gänsehaut und Nervenkitzel machen ja auch Spaß – besonders dann, wenn man eigentlich nichts zu befürchten hat.

Wo ist was? Merk Dir das! Basteln

Wir brauchen:

- 1 Schere
- 1 Bleistift
- Pappkarton oder Moosgummiplatten
- etwa 25 Blatt weißes Papier
- transparentes Klebeband
- Locher

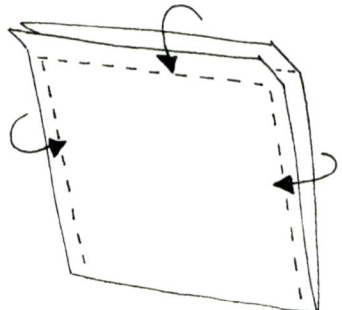

So wird's gemacht:

1. Aus dem Papier 18 kleine Tütchen im Format 10 x 10 cm basteln.

2. Die Motiv-Vorlagen aus dem Buch einmal vergrößert kopieren und ausschneiden. Die Umrisse jeweils zweimal auf den Karton übertragen und jede Figur ausschneiden. Die Augen können mit dem Locher gestanzt werden.

3. In jede Tüte eine Kartonfigur legen. Die Tüte an der offenen Kante etwa 1 cm falten und zukleben.

4. Wie das Ganze jetzt gespielt wird, erfahrt ihr auf der nächsten Seite!

Die Vorlagen sind auch zum kostenlosen Download auf der JUMBO Homepage verfügbar

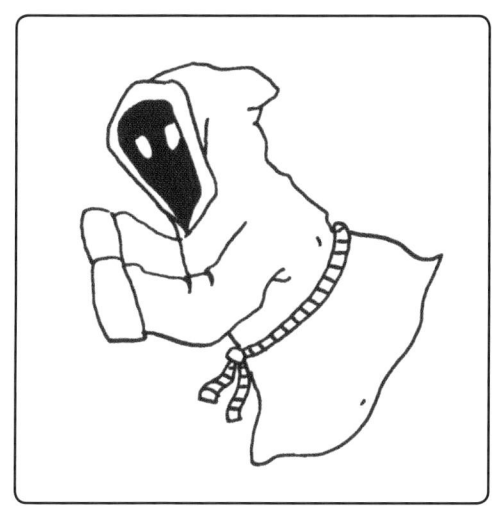

Wo ist was? Merk Dir das! Spiel

Wir brauchen:

- 2 Taschenlampen
- die 18 gebastelten Tütchen des Spiels „Wo ist was? Merk dir das!"

1. Die Tütchen werden auf dem Tisch oder dem Boden verteilt.

2. Ein Kind beginnt und knipst die Taschenlampe an. Dann sucht es sich zwei Tütchen aus und leuchtet beide nacheinander von hinten an. Durch den entstehenden Schatten kommen die versteckten Geisterfiguren zum Vorschein.

3. Passen die beiden Figuren zusammen, darf das Kind die Tütchen behalten und weiterspielen. Passen die Gruselmotive nicht zusammen, kommt das nächste Kind dran.

Tipp: Bei schaurigem Licht macht das Spiel besonders viel Spaß. Ihr müsst nur darauf achten, dass es im Raum nicht zu dunkel ist, sonst könnt ihr nicht mehr sehen, wo die Spielkarten liegen.

Monsterbowle Rezept

Wir brauchen:

- 2 l Orangensaft
- 2 l Mineralwasser
- Waldmeistersirup
- 500 g Obst (frisch oder tiefgekühlt)
- 2 Packungen süße Gummiwürmer
- große Schüssel
- Schöpfkelle
- Holzspieße
- Küchenbrett

1. Den Orangensaft und das Mineralwasser in die Schüssel geben und umrühren.

2. Den Waldmeistersirup nach und nach zugeben, bis sich die Bowle grün färbt. Falls die Bowle durch den Sirup zu süß wird, Mineralwasser nachgießen.

3. Das Obst entkernen und klein schneiden oder die tiefgekühlten Früchte auftauen und in die Bowle geben. Alles an einem kühlen Ort ein paar Stunden ziehen lassen.

4. Die Bowle mit der Schöpfkelle in Gläser verteilen. Zum Schluss je einen Gummiwurm über den Glasrand hängen. Sieht richtig eklig aus!

Tipp: Den Holzspieß könnt ihr mit einem kleinen Kürbiskopf oder Geist aus Tonpapier am oberen Ende verzieren.
Einfach ausschneiden und ankleben.
Wer schafft es, mit dem Spieß das Obst oder einen Wurm herauszufischen?

4 Halloween und Kürbiskopf

Halloween – was für ein Fest! Info

Noch vor einigen Jahren war Halloween in Deutschland noch nicht so verbreitet. Dieser Feiertag war weit weg, in Amerika und Großbritannien. Und da wurde dieses Fest jedes Jahr groß gefeiert. Das ist heute noch so. Aber auch bei uns haben nun immer mehr Kinder und Erwachsene großen Spaß daran, sich an diesem Tag zu verkleiden und nachts durch die Straßen zu ziehen.

Doch wie ist Halloween entstanden? Dazu gibt es unterschiedliche Erklärungen. Eine davon besagt, dass dieses Fest ursprünglich gar nicht aus Amerika kommt, sondern von einem Volk, das man Kelten nennt. Vor sehr langer Zeit lebten viele von ihnen in Irland, England und Frankreich. Einige Keltenstämme feierten am 31. Oktober den letzten Tag des Sommers. Gleichzeitig war dies auch der letzte Tag des Jahres, denn die Kelten hatten einen anderen Kalender als wir heute. Bei uns wird der letzte Tag des Jahres am 31. Dezember gefeiert und heißt Silvester. Bei den Kelten hieß das Fest

am 31. Oktober jedoch noch nicht Halloween, sondern Samhain. An diesem Tag dankten sie für die Ernte, verabschiedeten die helle Jahreszeit und bereiteten sich auf die dunkle vor. Die Kelten unterschieden nämlich keine vier Jahreszeiten, sondern nur zwei: Sommer und Winter. Sie glaubten, dass in den Wintermonaten das Tor zwischen dem Reich der Lebenden und dem der Toten geöffnet ist und die verstorbenen Seelen dadurch in die Welt der Menschen wandern können.
Ob die Kelten Angst vor den Toten hatten und deswegen diesen Tag feierten, oder ob sie die Verstorbenen an Samhain ehrten, wissen wir nicht so genau.
Das Fest Samhain wird als Vorläufer von Halloween bezeichnet. Zur Feier ihres Neujahrstages zündeten die Kelten am 1. November große Feuer an. Vielleicht sind sie um das Feuer getanzt, weil sie sich über die gute Ernte gefreut haben und das neue Jahr begrüßen wollten. Oder brauchten sie das Feuer, um den verstorbenen Seelen den Weg ins Totenreich zu erleichtern? Wie es auch gewesen sein mag, heute wird Halloween gefeiert, weil es den Menschen viel Freude macht. Das keltische Fest Samhain erinnert einerseits ein bisschen an das Erntedankfest, das ihr vielleicht kennt und im Oktober gefeiert wird. Andererseits hat es auch etwas Ähnlichkeit mit den christlichen Festen Allerheiligen und Allerseelen, die am 1. und 2. November in jedem Jahr stattfinden. Auch an Allerseelen wird an Menschen gedacht, die verstorben sind. Die Bezeichnung Halloween könnte so entstanden sein: Allerheiligen heißt auf Englisch *All Hallows' Day*. Der Vorabend, also der 31. Oktober, heißt somit *All Hallows' Eve*. Daraus wurde später das Wort Halloween. Einige Menschen, die in Irland lebten, wanderten nach Amerika aus. Sie brachten viele ihrer Bräuche und Traditionen mit. Das Fest Halloween fanden die Leute spannend und schön und so wird es bis heute groß gefeiert. Viele Bräuche wurden dazu erfunden und neu entwickelt. Ein besonderer Spaß ist es, an Halloween Kürbisse auszuhöhlen.

Verkleidung „Kürbisgeist"
Basteln

Wir brauchen:

- 1 orangefarbenen Pulli und 1 Hose in der gleichen Farbe
- weißes Gartenvlies (gibt's im Bau- oder Gartenmarkt)
- 1 große Flasche orangefarbene Fingerfarbe
- 1 Plastikwanne oder 1 großen Eimer
- 1 alten Kochlöffel
- orangefarbene und schwarze Schminke
- grünes Krepppapier
- dünnen Draht
- Wäscheständer
- Stoffschere

1. Das Gartenvlies zu einem Quadrat (ca. 2 x 2 m, je nach Größe des Kindes) zuschneiden. Aus dem Rest 2-3 cm breite Streifen für den späteren Haarschmuck schneiden.

2. Fingerfarbe in die Wanne geben und mit Wasser verdünnen. Die Farbe sollte nicht zu dünnflüssig sein, damit der Stoff durchfärben kann.

3. Das Vliesquadrat und die Streifen in das Farbwasser legen und färben. Hin und wieder mit dem Kochlöffel umrühren. Es genügt, wenn das Vlies einen leicht orangefarbenen Schimmer annimmt.

4. Das gefärbte Vlies und die Streifen im Badezimmer oder Waschraum aus der Wanne nehmen und auswringen. Auf einen Wäscheständer legen und trocknen lassen.

5. Wenn der Stoff trocken ist, in die Mitte ein Loch für den Kopf schneiden. Dann in Pulli und Hose schlüpfen und das Vlieskostüm überziehen. Unten abbinden und bauchig formen.

6. Das Gesicht mit orangefarbener Schminke grundieren und wie einen Kürbis bemalen. Dabei sind der Fantasie keine Grenzen gesetzt!

7. Die Vliesstreifen ins Haar binden.

8. Aus dem grünen Krepppapier zwei Kürbisblätter schneiden. Die unteren Enden mit Blumendraht umwickeln und im Haar befestigen.

Kürbiscremesuppe Rezept

Wir brauchen:

- 1–1 ½ kg Kürbisfleisch
  (der Hokkaidokürbis eignet sich gut,
  da die Schale mitgekocht werden kann)
- 2 Zwiebeln
- 100 g Butter oder (vegane) Margarine
- 1–1 ½ l Gemüsebrühe
- 1–2 Becher tierischer oder veganer Sauerrahm
- Salz
- Pfeffer
- Paprikapulver (edelsüß)
- etwas Zitronensaft
- Schneidebrett
- Messer
- Suppentopf
- Kochlöffel
- Pürierstab oder Mixer
- Taucherbrille

So wird's gemacht:

1. Den Kürbis zerkleinern, entkernen und in Würfel schneiden.

2. Die Zwiebeln klein würfeln. (Dazu am besten eine Taucherbrille aufsetzen! :))

3. Butter im Suppentopf erhitzen und das Kürbisfleisch mit den Zwiebeln andünsten

4. Die Gemüsebrühe hinzugeben und bei niedriger Hitze 5–10 Minuten garen, bis das Kürbisfleisch weich wird.

5. Das Kürbisfleisch und die Zwiebeln mit Salz, Pfeffer und 1–2 TL Paprikapulver würzen. Dann die Masse mit dem Pürierstab oder im Mixer pürieren. Nun den Sauerrahm und den Zitronensaft zugeben. Je nach Geschmack kann nachgewürzt werden.

Tipp: Statt Kürbisfleisch könnt ihr für die Suppe auch die gleiche Menge Kartoffeln und Karotten verwenden.
Wenn ihr mögt, könnt ihr Kürbiskerne über eure Suppe streuen. Dazu schmeckt Weißbrot sehr gut.

Halloweenlichter Basteln

Wir brauchen:

- durchsichtige Einmach- oder Marmeladengläser (wenn möglich in bauchiger Form)
- Tapetenkleister
- Pinsel
- Transparentpapier (orange, schwarz und braun)
- Teelichter
- Malkittel
- Tischunterlage

So wird's gemacht:

1. Den Tapetenkleister anrühren. Das orangefarbene Transparentpapier in etwa 3 cm große Stücke reißen. Aus dem dunklen Papier Auge, Nase und Zick-Zack-Mund schneiden.

2. Mit dem Pinsel und Kleister die orangefarbenen Papierstücke überlappend rundum auf das Glas kleben.

3. Zum Schluss das Kürbisgesicht aus dem dunklen Transparentpapier aufkleben.

4. Wenn das Papier getrocknet ist, ein Teelicht ins Glas stellen.

Zur Gruselparty leuchtet es nun schaurig schön!

Der Kürbiskopf Jack O'Lantern Info

Halloween ist ohne die gruselig leuchtende Kürbiskopflaterne nicht denkbar. Schaurig flackerndes Licht lässt die ausgehöhlten und schön geschnitzten Kürbisse in der Nacht unheimlich leuchten. Aus dem Kürbisfleisch könnt ihr auch leckeres Essen zubereiten, wie eine duftende Suppe oder ein fruchtiges Gelee.

Früher glaubten die Menschen, mit den aufgestellten Kürbislaternen könne man böse Geister fernhalten, denn angeblich spukten sie am Halloweentag umher. Heute basteln die Menschen diese Laternen nur noch aus Spaß. Der Kürbiskopf wird auch Jack O'Lantern genannt. Dazu gibt es viele unterschiedliche Geschichten. Eine davon geht so:

Jack war ein Farmer und lebte vor vielen Jahren in Irland. Er war recht faul und auch kein besonders guter Mensch. Wenn er das Wort „Arbeit" hörte, war er gleich wieder verschwunden.

Eines Tages lag Jack unter einem Baum und schlief. Dort entdeckte ihn der Teufel und sprach: „Ich bin hier, um mir deine Seele zu holen."

Zunächst erschrak Jack, doch er fing sich schnell wieder und zeigte auf die Baumkrone. „Meine Seele kannst du haben, aber nur, wenn du es schaffst, auf die Spitze dieses Baumes zu klettern."

Noch nie war es jemandem gelungen, da hochzukommen, und auch der Teufel blieb in den Ästen stecken. Er kam nicht mehr vor oder zurück und flehte: „Jack, bitte hilf mir runter!"

„Bleib du mal schön da oben sitzen", entgegnete Jack. „Wenn ich dich herunterlasse, dann nimmst du mich mit. Und wenn du festhängst, kannst du mich nicht erwischen."

Der Teufel dachte eine Weile nach, dann schlug er vor: „Wenn du mir herunterhilfst, dann erfülle ich dir jeden Wunsch."

„Hm...", überlegte Jack und ging um den Baum herum. Dabei sah er sich den Teufel von unten genau an. „Also gut!", sagte er schließlich. „Ich helfe dir, runterzukommen, aber nur unter einer Bedingung."

Der Teufel horchte auf.

„Du musst mir versprechen", fuhr Jack fort, „dass ich nicht in die Hölle komme, wenn ich gestorben bin."

Der Teufel nickte eifrig. „Aber sicher doch. Die Abmachung gilt!"

Also half der Farmer ihm vom Baum herunter und freute sich: „Jetzt kann ich hier auf Erden tun und lassen, was ich will. Niemals wird mich der Teufel holen!"

Jack fing an, viele schlimme Dinge zu tun. Er bestahl Menschen und war oft betrunken. Eines Tages verstarb er, doch im Himmel war kein Platz für ihn und ihm wurde der Zugang verwehrt.

Nun stand Jack vor der Tür des Teufels. Aber der Wächter sagte: „Tut mir leid! Der Teufel hat mir aufgetragen, dich nicht hereinzulassen."

„Aber warum nicht?", rief Jack. „Wo soll ich denn sonst hin?"
Der Türhüter grinste: „Du hast eine Abmachung mit ihm, erinnerst du dich denn nicht?"
„Und was soll ich jetzt tun?"
„Nun, du kannst dir hier einen Platz verschaffen, wenn es dir gelingt, deine Seele gegen die eines anderen Menschen einzutauschen. Ansonsten wirst du nie Ruhe finden."
„Aber es ist so dunkel hier in der Zwischenwelt. Ich kann nichts sehen!", erwiderte Jack.
Da warf der Wächter ihm ein glühendes Kohlestück hin. „Nimm das! Damit siehst du besser!"

Betrübt ging Jack in den Garten. Er höhlte eine Rübe aus und legte die glühende Kohle hinein. Das gab ein wenig Licht.
So kann es sein, dass Jack in der Halloweennacht mit seinem Rübenlicht zu sehen ist, auf der Suche nach einem Menschen, der seinen Platz in der Zwischenwelt einnimmt. Aber ihr könnt ihn täuschen: Wenn ihr selbst einen Kürbis oder eine Rübe aushöhlt, dann denkt Jack, ihr seid wie er auf der Suche und lässt euch in Ruhe ... Ist das nicht eine unheimliche Legende?

Kürbiskopflaterne Basteln

Wir brauchen:

- 1 Bogen orangefarbenen Fotokarton
- grüne Tonpapierreste
- orangefarbenes Transparentpapier
- Schere
- Bastelkleber
- Locher
- Draht
- Teelicht
- Laternenstab
- Bastelunterlage

1. Aus dem Fotokarton zwei gleichgroße Kürbisköpfe mit etwa 30 cm Breite und 25 cm Höhe zuschneiden. Jeweils Augen, Nase und den gezackten Mund ausschneiden.

2. Beide Kürbisköpfe auf einer Seite mit Transparentpapier hinterkleben. Zwei grüne Blätter ausschneiden und oben jeweils an beiden Kopfteilen mit Kleber befestigen.

3. Einen 50 cm langen und etwa 10 cm breiten Streifen aus dem orangen Karton schneiden. An den beiden Längsseiten je einen 1 cm breiten Streifen aufzeichnen. Das werden die Klebeflächen auf beiden Seiten, an denen die Kürbisgesichter angebracht werden.

4. Nun die Klebeflächen im Zick-Zack bis zur 1-cm-Linie einschneiden.

5. Die Zacken an der Linie nach oben knicken und von innen auf die unteren Ränder der Kürbisköpfe kleben.

6. Oben in die Stirn jeweils ein Loch stanzen. Einen Draht durchziehen und befestigen. Das Teelicht mit Kleber in der Laterne befestigen. Nun könnt ihr sie am Laternenstab aufhängen.

Auf geht's zum schaurigen Leuchten in der Nacht!

Das Gewitter Geschichte

Ich habe einen Onkel, der heißt Bauer und er ist Bauer. Also, er heißt Otto Bauer und hat einen Bauernhof mit fast hundert Kühen, ein paar Hühnern, ganz vielen Kirschbäumen und Getreidefeldern.

Mein Onkel hat meine Schwester Tina und mich eingeladen, bei ihm die Ferien zu verbringen. Tina will aber nicht mit. Sie findet neuerdings Bauernhöfe total bescheuert und fliegt lieber mit ihrer Freundin Nele und deren Eltern nach Mallorca.

Meine Mama und mein Papa bleiben dieses Jahr zu Hause, weil wir mal wieder nicht im Lotto gewonnen haben und der letzte Urlaub viel zu teuer war.

Ich bin also alleine bei Onkel Bauer. Er mag es, wenn ich ihn so nenne. Überhaupt hat er Kinder gerne, glaube ich.

Jetzt haut er mir gerade zwei selbst gelegte Eier in die Pfanne. Nein, nicht er hat die Eier gelegt, sondern seine Hühner. Ich habe sie mit ihm gemeinsam eingesammelt. Die Hühner laufen einfach überall frei herum, aber sie legen ihre Eier in bestimmte Verstecke, die mein Onkel alle ganz genau kennt. Der Witz ist: Er legt Gipseier in die Nester und die Hühner sind so blöd, dass sie ihre Eier genau danebenlegen. Onkel Bauer nennt das „die unheimliche Eiervermehrung".

Nach dem Essen helfe ich Onkel Bauer, Strohpuppen zu basteln. Dazu nehmen wir seine alten Jacken, Mützen und Latzhosen. Das Stroh binden wir zu einem Kreuz zusammen und ziehen dann die Jacke und die Hose darüber. So sind die Ärmel ausgestopft und die Strohhalme ragen wie viele kleine Finger aus den Öffnungen heraus. Wir hängen auch noch leere Blechdosen an die Puppen. Die sollen im Wind klappern.

Mit den Strohpuppen will mein Onkel die Vögel vertreiben. Sie picken sonst die frische Saat weg, oder machen sich später im Jahr über die Kirschen her. Weil die Vögel ebenso blöd sind wie die Hühner, halten sie die Strohpuppen nämlich für Menschen und bleiben aus Angst vor ihnen den Feldern fern. Wir bauen drei Vogelscheuchen und stellen sie auf. Sie stecken jetzt auf angespitzten Ästen im Boden. Eine dreht sich sogar mit dem Wind.

Der größte Strohpuppenmann hat einen alten Fußball als Kopf, der zweite einfach nur ein Gesicht aus Stroh mit einer Wollmütze. Dem Dritten habe ich einen Kopf aus einer Plastiktüte gebastelt. Darauf habe ich zwei Augen und einen Mund gemalt. Der Wind bläht die Wangen vom Strohpuppenmann auf, als ob er lebendig wäre und heftig ein- und ausatmen würde.

Müde, aber stolz knie ich abends im Schlafanzug auf meinem Bett und sehe auf das Feld hinaus. Dort stehen alle drei Vogelscheuchen und bewachen die frische Saat.

Ich finde es toll auf dem Bauernhof und freue mich schon darauf, meinem Onkel morgen wieder zu helfen.

Wie schön, denke ich, dass ich nicht mit Tina und Nele auf Mallorca am Swimmingpool rumhängen muss.
Ich lege mich hin. Jetzt kann ich durch das Fenster noch den Mond und ein paar Sterne sehen. Dann schlafe ich ein.
Plötzlich ist es taghell in meinem Zimmer. Hat da jemand geschrien oder war ich das selber? Habe ich das geträumt?
Da sehe ich: Blitze zucken am Nachthimmel. Ihnen folgt ein Donnergrollen. Mein Papa hat mir einmal gesagt, wenn man zwischen Blitz und Donner die Sekunden zählt, dann weiß man, wie weit das Gewitter entfernt ist.
Da! Ein Riesenblitz. Er teilt sich dreimal, während er heruntersaust.
Ich zähle: Eins. Zwei. Drei.
Dann folgt der Donner.

Das Gewitter ist also drei Kilometer weit weg, denke ich. Oder stimmt das gar nicht und Papa hat es damals nur gesagt, um mich zu beruhigen?
Ein mächtiger Sturm braust auf und lässt dicke Hagelkörner gegen die Scheiben knallen.
Da! Der nächste Blitz, direkt über dem Feld. Er verästelt sich vier, fünf Mal. Wie die riesigen Finger einer Geisterhand kommt er mir vor.
Eins. Bevor ich zwei sagen kann, ist der Donner da. Das Gewitter kommt näher.
Dann fallen Donner und Blitz zusammen. Das Gewitter muss also direkt über uns sein.
Oh ja, ich habe Angst, und wie! Am liebsten würde ich jetzt zu meinen Eltern ins Bett kriechen. Zwischen Mama und Papa fühle ich mich immer sicher. Aber ich kann doch schlecht zu Onkel Bauer ins Schlafzimmer

rennen und schreien: „Ich habe Angst!"
Plötzlich ist es, als würde der Blitz in unser Dach einschlagen. Der Donner ist einfach überall. Sogar im Hausflur und vor dem Fenster. Er dröhnt in meinem Kopf. Ich drücke mir das Kissen auf die Ohren.
„Nein! Nein! Nein! Aufhören! Es soll aufhören!"
Langsam zieht das Gewitter weiter, doch umso heftiger wird der Regen. Ich schaue nach unten zu den Strohpuppenmännern. Zwei bewegen sich, als würden sie tanzen. Aber – was ist mit dem dritten? Dem mit der Plastiktüte als Gesicht? Der kann doch nicht weggelaufen sein! Werden Vogelscheuchen nachts lebendig? Hat das Gewitter sie zum Leben erweckt?
Da klopft etwas unter meinem Fenster gegen das Haus. Es knallt und klatscht gegen die Wand.
Was soll ich tun? Schreien? Weglaufen? Nachgucken?
Ich presse meine Nase gegen die kalte Fensterscheibe. Regentropfen laufen daran herunter. Stehen wirklich nur noch zwei Strohpuppen dort unten?
Da fliegt etwas auf mich zu. Es ist ein Geist, der mit ausgebreiteten Armen durch die Lüfte schwebt. Jetzt ist er direkt vor meinem Fenster und will zu mir rein!
Ich springe vom Fenster weg und fliehe hinter einen Stuhl. Das Gespenst drückt sein weißes Gesicht gegen die Scheibe. Es sieht aus wie eine ekelhafte Fratze!

Aber dann fällt mir auf: Die habe ich selber gemalt – mit Filzstift auf eine weiße Plastiktüte.
Der Wind klatscht die Vogelscheuche noch einmal gegen mein Fenster, bis sie schließlich herunterfällt.
Ich lege die Hand auf mein Herz. Es rast wie wild, aber ich bin erleichtert. Das war also kein Gespenst, sondern nur der Strohpuppenmann. Ein Glück, dass Tina nicht hier ist, denn die würde bestimmt über mich lachen. Aber ich finde, ich bin ganz schön tapfer.
Ich versuche, wieder einzuschlafen. Dabei muss ich an die Hühner denken, die das Gipsei für echt halten. Und an die Vögel, die Angst vor dem Strohpuppenmann haben.
Dann muss ich lachen. Ich bin auf mich selbst reingefallen.

Rätsel E: Das Gewitter

Vor jeder Antwort steht ein Buchstabe für das Lösungswort. Wenn ihr die richtige Lösung gefunden habt, tragt den entsprechenden Buchstaben unten auf der Seite mit Bleistift ein.

1. Wo macht Lukas Urlaub?
Q in einem Iglu am Nordpol
F bei seinem Onkel auf dem Bauernhof
C zu Hause auf dem Balkon

2. Wie viele Vogelscheuchen bastelt Lukas mit seinem Onkel?
E drei Vogelscheuchen
V hundert Vogelscheuchen
Ü zweieinhalb Vogelscheuchen

3. Was legt Lukas' Onkel zu den Hühnern ins Nest, damit sie Eier legen?
Y einen Eierkocher
Ä ein Osterei
U ein Gipsei

4. Wie heißt der Onkel, dem der Bauernhof gehört?
O Otto Metzger
W Otto Busfahrer
E Otto Bauer

5. Warum wacht Lukas in der Nacht auf?
W weil Graf Dracula aus dem Schrank poltert
C weil sein Onkel so laut schnarcht
R weil draußen ein Gewitter tobt

Lösungswort Rätsel E:

__ __ __ __ __
1. 2. 3. 4. 5.   Auflösung auf Seite 88

Wenn ihr alle Lösungswörter der Reihe nach hier in die Felder eintragt, erhaltet ihr folgenden Lösungssatz:

__ __ __ __ __ __ und __ __ __ __ __ __ __ __ __ __ __ __

__ __ __ __ __ __ ums __ __ __ __ __ .   Auflösung auf Seite 88

Gibt es heute noch Vogelscheuchen? Info

So oft sieht man sie gar nicht mehr, die gute alte Vogelscheuche. Doch manchmal steht sie noch einsam auf dem Feld. Im Licht des Mondes ist sie besonders schön anzusehen. Wer als erstes auf die Idee gekommen ist, eine Vogelscheuche zu bauen, weiß niemand. Wahrscheinlich gibt es sie schon, seit auf den Feldern Getreide und Gemüse angebaut werden.
Manche Vogelscheuchen sind genauso groß wie ein Mensch. Sie bestehen aus Holzstangen, Stroh und alten Kleidern. Darum nennen sie viele Leute auch Strohpuppen. Wenn der Wind bläst, flattert die Kleidung gespenstisch, und es sieht aus, als sei die Vogelscheuche lebendig. An einigen hängen auch leere Blechdosen. Bei Wind und Sturm klappert das sehr laut. Damit wollen die Landwirte die Vögel verscheuchen – daher ihr Name.
Wenn die Bauern auf dem Feld ihre Körner aussäen, lockt das natürlich viele Vögel an, und die Elstern und Krähen holen sich gerne mal das Gemüse vom Feld oder aus dem Garten. Wenn aber die Vögel alles wegfressen, dann sieht es mit der Ernte schlecht aus.
Inzwischen gibt es auch eine moderne Vogelscheuche, die wie ein Drachen aussieht. Ihr habt bestimmt schon mal einen Drachen steigen lassen, oder? Diese Vogelscheuche funktioniert ähnlich. Sie hängt an einer Schnur und wird fest im Erdboden verankert. Wenn der Wind weht, steigt sie von selbst in die Lüfte und vertreibt so die Vögel.
In Liedern, Geschichten und Gedichten taucht die Vogelscheuche als Figur immer wieder auf. Wie in dem Kinderbuch *Der Zauberer von Oz* des amerikanischen Schriftstellers Lyman Frank Baum. Darin wünscht sich die Vogelscheuche, nicht nur Stroh im Kopf zu haben, sondern auch ein bisschen Verstand. Auch der deutsche Dichter Christian Morgenstern hat ein Gedicht über eine Vogelscheuche verfasst:

Die Vogelscheuche

Die Raben rufen: „Krah, krah, krah!
Wer steht denn da, wer steht denn da?
Wir fürchten uns nicht, wir fürchten uns nicht
vor dir mit deinem Brillengesicht.

Wir wissen ja ganz genau,
du bist nicht Mann, du bist nicht Frau.
Du kannst ja nicht zwei Schritte gehn
und bleibst bei Wind und Wetter stehn.

Du bist ja nur ein bloßer Stock,
mit Stiefeln, Hosen, Hut und Rock.
Krah, krah, krah!"

Strohpuppenmann Lied

Text/Melodie: Bettina Göschl

1. Auf dem Felde stehst du stolz
bei Tag und auch bei Nacht.
Als Vogelscheuche kennt man dich,
du bist aus Stroh gemacht.
Ja, heute Nacht, da ist was los!
Wir Geister laden ein!
Zum Gruselfeste tanzen wir
im hellen Mondenschein.

Refrain

Strohpuppenmann, komm, fang zu tanzen an!
Nun drehe dich geschwind!
Ja, das kannst du bestimmt!
Strohpuppenmann, komm fang zu tanzen an!
Jetzt wackel hin und her!
Hüpf mit, das ist nicht schwer!
Jetzt wackel hin und her!
Hüpf mit, das ist nicht schwer!

2. Wenn's dunkel wird, stehst du nicht still.
Auf geht's zum Geisterspaß!
Jetzt wanderst du, wohin du willst,
tanzt über Feld und Gras!
Ja, heute Nacht, da ist was los!
Wir Geister laden ein!
Zum Gruselfeste tanzen wir
im hellen Mondenschein.

Refrain

3. Komm nicht zu nah dem Feuer heut,
denn du bist ganz aus Stroh!
Ein bisschen Regen macht dir nichts,
sonst brennst du lichterloh!
Ja, heute Nacht, da ist was los!
Wir Geister laden ein!
Zum Gruselfeste tanzen wir
im hellen Mondenschein!

Refrain

4. Die Gruselnacht ist gleich vorbei,
das Morgengrau'n beginnt.
Am Feld träumst du vom nächsten Tanz,
drehst dich dabei im Wind.
Ja, heute Nacht, da ist was los!
Wir Geister laden ein!
Zum Gruselfeste tanzen wir
im hellen Mondenschein!

Refrain

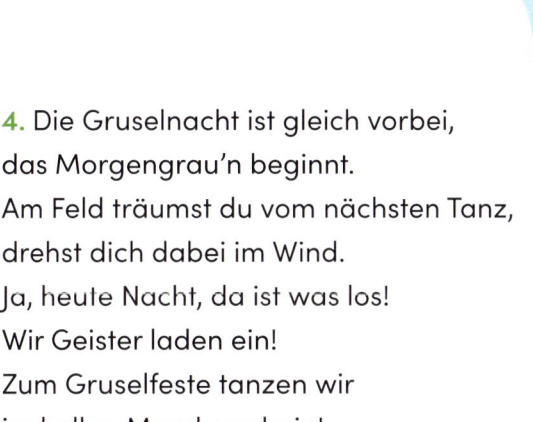

Tanzanleitung

1. Strophe: Mit seitlich ausgestreckten Armen Vogelscheuche spielen.
2. Strophe: Vogelscheuchen wandern frei im Raum umher.
3. Strophe: Mit den Händen Feuerflammen spielen, dann mit Fingern regnen lassen.
4. Strophe: Vogelscheuche steht ruhig am Feld. Beim Träumen die Handflächen zusammenlegen, den Kopf seitlich auf die Hände legen und Augen schließen.

Refrain: Auf der Stelle tanzen, sich drehen, hin- und herwackeln und hüpfen.

Vogelscheuche Basteln

Wir brauchen:

- 2 Holzstäbe
  (möglichst mit jeweils vier Kanten)
  zu 1,80 m und 1,20 m Länge
- 1 Spaten
- Stroh
  (gibt's auf Pferdehöfen oder beim Bauern)
- 1 alten Kopfkissenbezug
- dicke Schnur
- 1 altes Hemd, Jacke oder Pullover
- 1 alte Hose
- 1 Hut
- 1 Halstuch
- 1 wasserfesten Filzstift

1. Den langen Stock längs hinlegen und den kurzen quer darüber, so dass ein Holzkreuz entsteht. Der kürzere Stock sollte etwa 20 bis 30 cm vom oberen Ende des längeren entfernt sein.

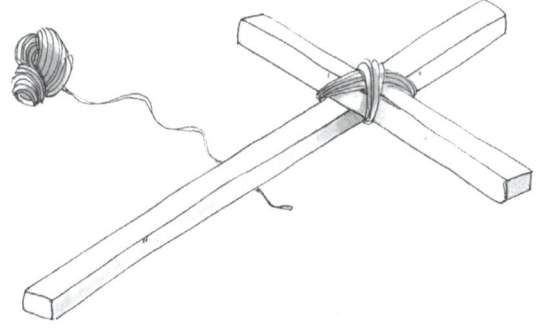

2. Mit der dicken Schnur die Stöcke mehrmals über Kreuz fest zusammenbinden. Wenn nötig, die Stöcke zusätzlich mit einem Nagel miteinander befestigen, damit das Kreuz gut hält.

3. Auf den Kopfkissenbezug ein Gesicht malen und die beiden oberen Ecken zusammenbinden. Anschließend mit Stroh füllen.

4. Den Kopf oben auf das Holzkreuz setzen, sodass der obere Stab im Stroh steckt, unten zubinden und am Stab befestigen.

5. Die Hosenbeine unten jeweils mit einer Schnur zusammenbinden und mit Stroh füllen. Eine Schnur durch die Gürtelschlaufen fädeln und die Hose am Scheuchenkreuz festbinden.

6. Nun Hemd, Pulli oder Jacke über das Holzkreuz ziehen. Der Stab, der quer liegt, bildet die Arme. Dann alles mit Stroh füllen. Wenn nötig, die Ärmelenden zusammenbinden. Schön sieht es aus, wenn etwas Stroh aus den Ärmeln hervorguckt.

7. Den Hut auf den Kopf setzen und das Halstuch umbinden.

8. Im Garten ein etwa 40 cm tiefes Loch graben und die Vogelscheuche hineinstellen. Das geht am besten zu zweit.
Dann das Loch mit Erde füllen.
Fertig ist die Vogelscheuche!

Tipp: Die Vogelscheuche könnt ihr unterschiedlich gestalten. Statt eines alten Hutes könnt ihr auch einen kleinen Plastikeimer auf den Kopf setzen. Oder ihr bindet leere Blechdosen rechts und links an die Arme. Falls ihr kein oder nur wenig Stroh habt, könnt ihr die Vogelscheuche auch mit anderen Materialien füllen, wie mit kleinen Stoffresten. Dann braucht ihr nur an den Öffnungen der Ärmel oder oben am Hut ein paar Strohbüschel anzubringen. Sieht aus wie echt! Die Vogelscheuche lässt sich am besten in einer Gruppe mit einem Erwachsenen oder einem großem Schulkind gestalten.

Auf zum Geisterschloss! Spiel

Wir brauchen:

- 4 Spielfiguren
- 1 Würfel
- den Spielplan
  Tipp: Die Spielfiguren
  können auch aus Knete geformt werden.

Das Spiel ist auch zum kostenlosen Download auf der JUMBO Homepage verfügbar

So wird's gemacht:

Beginnen darf, wer als erstes eine Sechs würfelt. Wer zuerst das Geisterschloss erreicht, gewinnt. Das geht nur mit der genauen Punktzahl. Doch Vorsicht! Unterwegs müsst ihr unheimliche Aufgaben lösen und Fragen beantworten.

Aktionsfelder:
Feld 1 (lila): Wo wohnt Dreistein, der kleine Geist? Wenn die Antwort richtig ist, ein Feld vorrücken!

Feld 2 (grün): Du hast dich im dunklen Wald verirrt. Setze einmal aus!

Feld 3 (rot): Singe den Refrain vom Lied „Gespensterparty". Rücke ein Feld vor!

Feld 4 (gelb): Wie wird die Kürbiskopflaterne an Halloween noch genannt? Wenn die Antwort richtig ist, ein Feld vorrücken.

Feld 5 (hellblau): Unterwegs bist du über einen Stein gestolpert. Gehe ein Feld zurück!

Feld 6 (dunkelblau): Wie heißt die Fledermaus, die besonders lange Ohren hat? Wenn die Antwort richtig ist, zwei Felder vorrücken!

Feld 7 (rosa): Eine Riesenspinne vor dem Geisterschloss versperrt dir den Weg. Setze einmal aus!

Tipp: Damit die Figuren beim Spielen nicht umkippen, kann der Spieleplan aus dem Buch kopiert werden und liegt somit flach auf dem Tisch auf. Die Spielfiguren können auch aus Knete geformt werden.

Rätsel-Lösungen:
A Gespensterparty: GEISTER; B Dreistein und der Einbrecher: MONSTER; C Gustav, das Gerippe: TANZEN; D Die Gruselnacht: NACHTS; E Das Gewitter: FEUER
Lösungssatz: Geister und Monster tanzen nachts ums Feuer.

Eine echte Gespensterparty

Schon früh entdeckte ich bei meinen eigenen Kindern, welch großen Spaß und welche Lust sie am Gruseln hatten. Ja, sie liebten die schönen Erstlesegeschichten mit Teddys, Bären, Katzen und lieben Omis. Dennoch bestand bei ihnen immer noch ein Wunsch nach etwas anderem: Der dunklen Seite, dem, was die Heile-Welt-Geschichten so gerne aussparten. Oft saß ich mit meinen Kindern und deren Freunden im Garten. Wir zündeten ein Feuer an, sahen in die knisternde Glut und ich erfand auf ihren Wunsch hin Gespenstergeschichten. Den Kindern konnte es nicht gruselig genug sein. An so einem Abend wurde die Idee geboren, eine Gruselparty zu feiern. Alle sollten sich als Gespenster, Monster oder Vampire verkleiden und bis spät in die Nacht „herumgeistern". Damals wohnten wir im Friedhofsweg. Meine Tochter Maxi hatte die Idee, dass wir alle auf den nahe gelegenen Friedhof gehen sollten. Okay, das war vielleicht nicht gerade pädagogisch wertvoll, aber ich habe es damals mit den Kindern gemacht. Wir fassten uns an den Händen und sprachen uns gegenseitig Mut zu. Von 23.45 bis 24.00 Uhr hockten wir still auf dem Friedhof zwischen den Gräbern. Alle sprachen mit gedämpfter Stimme. Keiner machte einen blöden Witz. Alle waren stolz, dabei zu sein. Die Kinder saßen da in ihren Kostümen und schienen innerlich zu wachsen. Dann geschah etwas Unglaubliches: Ein jugendlicher Schlägertyp, der die Kinder oft auf dem Schulweg belästigt hatte, sie im Bus drangsalierte und von ihnen Geld für Zigaretten verlangte, kam von seiner Freundin nach Hause und ging einsam den Friedhofsweg entlang. Die Kinder beobachteten ihn vom Friedhof aus auf der spärlich beleuchteten Straße. In dieser Situation hatten alle keine Angst mehr vor ihm. Sie fühlten sich überlegen, denn sie beherrschten diese ungewöhnliche Lage. Dann begannen die Kinder ein leises „Huuu" zu summen. Es war, als würden die Töne aus den Gräbern aufsteigen. Der Schlägertyp blieb für eine Sekunde starr stehen, dann rannte er, als ginge es um sein Leben. Danach waren die kleinen Gespenster fröhlich, ausgelassen, wie befreit. Die Kinder fühlten sich nun nicht mehr so machtlos und ausgeliefert. Diese wahre Geschichte bildete die Grundlage für die Erzählung *Der Geistergeburtstag* in diesem Buch.

K. P. Wolf

Bettina Göschl ist mit ihren Kinderliedern aus der KiKA-Sendung *SingAlarm* bekannt. Mit „Ostfriesenblues" und „Ostfriesentango" begleitet sie Klaus-Peter Wolfs Krimiwelt auch für Erwachsene musikalisch. Sie hat zahlreiche Kinderbücher veröffentlicht, und ihre Drehbücher für das Kinderfernsehen sind preisgekrönt. Zuletzt ist das Bilderbuch *Paffi. Ein kleiner Drache und das Kätzchen* bei JUMBO erschienen.

Klaus-Peter Wolf zählt zu den erfolgreichsten deutschen Autoren. Seine Ostfriesenkrimis und fast fünfzig Kinderbücher wurden in sechsundzwanzig Sprachen übersetzt und über fünfzehn Millionen Mal verkauft. Seine Drehbücher, u. a. für den *Tatort*, sorgen für beste Einschaltquoten. Er erhielt zahlreiche Auszeichnungen und ist Mitglied im PEN-Zentrum Deutschland.

Die Gespensterparty geht weiter!

CD · ISBN 978-3-8337-4871-1

Bettina Göschl entführt die Hörerinnen und Hörer mit lustigen Liedern in die Geisterwelt und Klaus-Peter Wolf sorgt mit seinen gruseligen Geschichten für Spaß und Gänsehaut.

Mehr von Bettina Göschl und Klaus-Peter Wolf

Wer traut sich, einem Drachen ins Maul zu schauen? Die tapfere Maxi hat dem gefürchteten Drachen Uaaarrh sogar einen Zahn gezogen! Wer auch solche Abenteuer erleben will, folgt einfach dem kleinen Ritter Dagobert in die Welt der Ritter und Drachen.
Mit selbst gebastelter Rüstung und Burgfräuleinkostüm geht's direkt zur Ritterburg. Tolle Spiele, Tänze und leckere Rezepte warten darauf, ausprobiert zu werden. Klaus-Peter Wolf und Bettina Göschl laden zu einem rauschenden Ritterfest ein. Familien, Schüler, Kindergartenkinder – und natürlich Drachen – alle sind herzlich willkommen!

Bilderbuch · ISBN 978-3-8337-2691-0

CD · ISBN 978-3-8337-1129-9

Jennys Lehrer staunt nicht schlecht, als ihr waschechter Seeräuber-Papa zum Elternabend kommt. Auf hoher See beweist das freche Piratenmädchen viel Mut, als ihr Schiff von einem Riesenkraken angegriffen wird. Und Lukas baut mit seiner Familie ein großes Piratenschiff aus Sand.
Pia Wäbs und Hendrik Kleinschmidt sprechen die humorvollen Geschichten von Bestseller-Autor Klaus-Peter Wolf mit viel Witz und Elan. Fröhliche Melodien von Bettina Göschl rund um das Piratenleben laden große und kleine Leichtmatrosen zum Mitsingen ein.

Bilderbuch · ISBN 978-3-8337-3790-9

CD · ISBN 978-3-8337-3715-2